コーパスで学ぶ
日本語学

日本語

教育への

応用

［編］森　篤嗣
［著］森　篤嗣　　田中祐輔　　中俣尚己
　　　奥野由紀子　建石　始　　岩田一成

朝倉書店

編　者

森　篤嗣　　京都外国語大学外国語学部 教授

著　者（執筆順）

森　篤嗣　　京都外国語大学外国語学部 教授　　（第1章、第3章）

田中祐輔　　東洋大学国際教育センター 准教授　　（第2章）

中俣尚己　　京都教育大学教育学部 准教授　　（第4章）

奥野由紀子　首都大学東京人文社会学部 准教授　　（第5章）

建石　始　　神戸女学院大学文学部 教授　　（第6章）

岩田一成　　聖心女子大学文学部 准教授　　（付　録）

() 内は担当章

まえがき

　言語教育におけるコーパスの活用による効果は、先行する英語教育をみると明らかである。教材や辞書の作成はもとより、教案や例文の検討、作文の評価などさまざまな可能性がある。日本語においては、2000 年代に入ってコーパスが急速に整備され、2010 年代にはその実用に向けてさまざまな取り組みが始まった。しかし、コーパスの日本語教育への応用という点でいえば、まだ英語教育には遠く及ばない。

　本書はコーパスを日本語教育に応用するという一つの試みである。教材や辞書の作成という直接的な実用化を例にあげつつも、日本語教育に関わる人々がコーパスに触れ、その効果を実感してもらうことを目的としている。したがって、本書は「コーパスそのものを学ぶ」というより、「コーパスで何ができるかを学ぶ」という応用的側面の方が強いといえる。

　第 1 章では、総説としてコーパスから得られるデータが日本語教育にどのように貢献するかについて解説している。コーパスは決して万能ではない。しかし、その特長を理解して使えば、日本語教育にとって大きな貢献を果たすはずである。したがって総説では、なぜ「日本語教育に貢献する」といえるのかを述べた。また、第 2 章以降の解説、すなわち「見どころ」が紹介されているという点にも注目してほしい。

　第 2 章では、「日本語教材の分析」として初級総合教科書（21 種計 34 冊）に現れる語をデータ化し、その出現傾向を調査している。「文型シラバス」という語がよく知られるように、日本語教科書における文型についてはかなり意識的に提出対象や提出順が検討されていることが多い。しかし、日本語教科書作成における提出語の選定については、執筆者の経験や勘、これまでの教科書の慣習などによる部分が大きいといわれている。本章で紹介している分析法により、

「語彙シラバス」の策定への基礎資料作成が可能となるだろう。

第3章では、「文型とコロケーション」として、文型において実質語（名詞や動詞など）がどのように組み合わされているのかについて、コーパスを用いて調査する方法について解説している。先ほども述べたように、日本語教科書においては「どの文型を扱うか」については検討されていることが多いものの、「どの文型にどの語を使うか」については十分に検討されているとはいえない。また、本章では文型とコロケーションを考える場合にジャンルの影響が多いということもコーパスから指摘している。日本語教育においてどの場面でも通用する「万能の例文」というものは存在し得ないという意識は重要である。

第4章では、「学習者話し言葉コーパス分析」として、日本語学習者と日本語母語話者の接触場面である『日中 Skype 会話コーパス』を分析対象としている。接触場面であるため、日本語母語話者と日本語学習者の比較が容易であるという側面と、書き言葉ではなく話し言葉特有の日本語を分析できるというメリットがある。日本語における代表的なコーパスである『現代日本語書き言葉均衡コーパス』（BCCWJ）は日本語母語話者の書き言葉を収録している。それに対して、本コーパスは日本語学習者の話し言葉を対象としている。この点において、本章の分析は日本語教育に大きな示唆を与えてくれる可能性を持っている。

第5章では、「学習者書き言葉コーパス分析」として、日本語学習者による作文を集めた『YNU 書き言葉コーパス』を分析対象としている。同じ書き言葉でも、日本語母語話者の書き言葉である『現代日本語書き言葉均衡コーパス』とは大きく性格が異なる。また、タスク別（書く目的）に作文が統制されているため、当該のタスクにおいてどのような意図でどのように伝達表現を使用しているかを実際に文脈に基づいて検討していくことで、さまざまな習得要因を検討することが可能である。

第6章では、「対照言語学的分析」として、日本語と中国語のコーパスの比較を分析対象としている。日本語と中国語は異なる言語であるため、当然のことながらコーパスとして分析する際にも、その言語的特徴の違いに配慮して分析することが必要である。この差異について本章では詳細に解説されており、とりわけ中国語母語話者で日中対照研究にコーパスを使ってみたいという読者には必読の章となっている（もちろん、日本語母語話者にもお勧めできる）。

また、付録では初学者にもわかりやすいように、各種コーパスやツールについて解説されている。現在利用できるコーパスにどのようなものがあるかの解説に始まり、その利用法として「文字列検索」と「形態素解析経由検索」を紹介する。前者は未加工のテキストデータを検索するが、後者は形態素解析という技術で文を分割し、品詞情報などの形態論情報が付与されたデータを検索する。それぞれに一長一短があり、本付録ではそのメリット・デメリットについても初学者にわかりやすく解説されている。そして、検索したデータをエクセルで処理して分析する方法についても解説されており、第2章から第6章とあわせて読むことで、コーパスを活かした研究の進め方の理解が深まるだろう。付録を参照してほしい際には（🔍付録1）のようにアイコンを付したので、ぜひ参考にしてほしい。

なお、各章に設けられている演習の中には朝倉書店のウェブサイト（http://www.asakura.co.jp）の本書該当ページに答えを掲載しているものがある。web のアイコンがついているものについてはぜひ確認をしてほしい。

本書は「まずコーパスありき」ではなく、日本語教育をより良くしたいという読者に、「コーパスはこんなに日本語教育に役立ちますよ」ということをお知らせするための一冊になっている。ぜひ、「日本語教育をコーパス（データ）でより良くしたい」と思う読者に手にとっていただきたい。

2018年9月

編者　森　　篤嗣

目　　次

第1章　総　　説 ……………………………………………〔森　　篤嗣〕… **1**

　1　日本語教育で何を教えるのか　　　　　　　　　　　　　1
　2　教材分析から見る日本語　　　　　　　　　　　　　　　4
　3　文型とコロケーション　　　　　　　　　　　　　　　　5
　4　日本語学習者の発話　　　　　　　　　　　　　　　　　7
　5　日本語学習者の作文　　　　　　　　　　　　　　　　　8
　6　日本語学習者の母語を考慮する意義　　　　　　　　　　10
　7　結局何を「教える」のか　　　　　　　　　　　　　　　12

第2章　日本語教材の分析 ……………………………〔田中祐輔〕… **14**

　導　　入　日本語教材はどのように分析できるか　　　　　　14
　例　題1　戦後に発行された教科書に共通する定番語彙は何か　21
　例　題2　戦後の日本語教科書で扱われる語はどう変化するか　27
　演　習1　日本語教科書の語はどのような順序で扱われているか　29
　演　習2　語の出現頻度と提出順の間には相関があるのか　　　30
　コラム1　教科書のデータ化のポイント　　　　　　　　　　31
　コラム2　データ化の足取りを記録する大切さ　　　　　　　33

第3章　文型とコロケーション …………………………〔森　　篤嗣〕… **36**

　導　　入　自己紹介で使うのは「会社員」か「サラリーマン」か　36
　例　題1　『みんなの日本語』のテ形の導入文型は妥当か　　　37
　例　題2　「～てください」の代表文は「待ってください」でよいか　43

演　習　1	「と・ば・たら・なら」の導入順序	51
演　習　2	「〜ています」の代表は「電話をかけています」でよいか	53
コラム　1	コロケーションとは何か	54
コラム　2	話し言葉コーパスか書き言葉コーパスか	55

第4章　学習者話し言葉コーパス分析 …………………〔中俣尚己〕… 57

導　　入	「おいしい！」ということを強調して言うときどんな言いかたをするか	57
例　題　1	母語話者と学習者の否定の返答の仕方はどう違うか	58
例　題　2	母語話者と学習者の縮約形の「チャウ」の使用はどう違うか	65
演　習　1	日中 Skype 会話コーパスにおける肯定の応答表現	72
演　習　2	縮約形と非縮約形のどちらをよりよく使っているか	72
コラム　1	フェイス、FTA、FTA 補償行為	74
コラム　2	チャンク、マジカルナンバー 7 ± 2	75
コラム　3	縮約	76

第5章　学習者書き言葉コーパス分析 …………………〔奥野由紀子〕… 79

導　　入	グラフを説明する際の動詞の使い方に母語話者と非母語話者に違いはあるか	79
例　題　1	伝聞表現は母語やレベルごとにどのように違うか	81
例　題　2	どの程度書き手の発話態度を示す辞的要素のない文末形式を使うか	89
演　習　1	料理の作り方を説明するときに使う名詞にレベルによって違いがあるか	99
コラム　1	日本語母語話者は果たして正しい日本語を使っているのだろうか？	102
コラム　2	文体は統一する必要があるのか？	102

目　　次　　*vii*

第6章　対照言語学的分析 ……………………………〔建 石　　始〕… **105**

導　入1　中国語の「非常」の後に生じやすい表現は何か　　105

導　入2　日本語の「非常に」の後にくる表現は何か　　105

導　入3　中国語の「非常」と日本語の「非常に」の後に生じやすい表
　　　　　現に違いはあるか　　106

例　題1　中国語の「非常」の後にはどのような表現が生じるか　　106

例　題2　日本語の「非常に」の後にはどのような表現が生じるか　　110

例　題3　中国語の「Ｖ慣」「Ｖ不慣」にはどのような動詞が結びつくか　　115

例　題4　日本語の「Ｖ慣れる」と「Ｖ慣れない」にはどのような動詞
　　　　　が結びつくか　　118

演　習1　日本語の「発生」と中国語の「发生」に結びつく名詞に違い
　　　　　はあるか　　120

演　習2　日本語の「ばかりだ」と中国語の「刚」「刚刚」に結びつく動
　　　　　詞の違いはあるか　　122

コラム1　コーパスを使った対照研究　　125

コラム2　さまざまな中国語のコーパス　　125

付　録　コーパス利用の基礎 ………………………〔岩 田 一 成〕… **128**

1　　　　構成　　128

2　　　　コーパス　　130

3　　　　文字列検索　　132

4　　　　形態素解析経由検索　　135

5　　　　Excel による分析　　140

6　　　　日本語教育視点のコーパス研究に向けて　　144

索　　引 ………………………………………………………………… 147

第1章
総　　　説

森　篤嗣

1.　日本語教育で何を教えるのか

　外国人に日本語を教えるとき、「何を」「どうやって」教えるのかということが問題になる。方法と内容である。当然、方法も重要なのであるが、ここで問題にしたいのは「何を」の部分、すなわち内容である。
　日本語教育が内容として扱うのは、現代日本語である。しかも、実際に外国人が話す・聞く・書く・読むという言語活動で「使える」日本語である。さて、このように目標を設定したとき、教えるべき日本語とはどのように決めればよいだろうか。

「基本的な日本語」を取捨選択するには

　一般的に考えると、「実際に使える日本語というわけだから、基本的な日本語を教えればよいのでは」ということになるだろう。しかし、「基本的な日本語」を決めることはそう簡単なことではない。たとえば「りんご」は基本的な日本語といえるのか、どんな場面でどのように使われるのかといわれると、なかなか「基本的な日本語」の定義が難しいことがわかるだろう。
　しかも、日本語教育においては、いきなり何千語も一気に教えるわけではない。初級・中級・上級などのレベルに分けて、それぞれのレベルで「何を」教えるのか決めなければならない。そして、初級は学習者の負担の観点から、ほかのレベルに比べて極めて扱う語数が少なくなければならない。そう考えると、基本的な日本語の選定はますます難しくなってくる。「りんご」が基本的な語な

のかどうか考えるだけではなく、たとえば「どういたしまして」とどちらを優
先すべきか、難易度や実用度という観点から取捨選択の判断を迫られることに
なるからである。

　そして、この取捨選択の判断が実に難しい。「りんご」と「みかん」であれば
比べようがあるが、「りんご」と「どういたしまして」であると、比較の観点が
全く異なるからである。しかし、いずれも「使える」日本語という観点から検
討する必要がある語である。

「主観」による日本語教科書作成

　では、どのように取捨選択の判断をおこなえばよいのだろうか。まず考えら
れるのは、教科書を作成する日本語教師や研究者の「主観」による判断である。
日本語教育に限らず、教育とは人間と人間のコミュニケーションを扱うもので
ある。したがって、「使える」日本語とは何かを人間が判断するのは自然なこと
であり、その人間の判断の基本はまず主観であるといえよう。

　事実、日本語教育に限らず多くの教材は、主観によって作成される。とりわ
け、経験の長い教師や熟達した研究者による判断は、教材作成において尊重さ
れるべきである。また、教材作成においては日本語母語話者だけではなく、日
本語学習者である日本語非母語話者の判断も重要になってくる。日本語学習者
ならではの観点（＝判断や主観）が、日本語教科書の質を高めることにつなが
るということを強調しておきたい。

「あなた」はどの場面で使う？

　しかし、時として人間の判断は偏りがあることも否めない事実である。たと
えば、日本語教育においては二人称の「あなた」を基本的な日本語として初級
の早い段階で必ず学習するが、果たして日本語による会話で「あなた」が使え
る場面はどれほどあるだろうか。友人関係やビジネス場面で「あなた」を使う
場面はそうは思い当たらない。考えられるとすれば夫婦関係や教育場面である
が、それにしても現代日本語ではかなり使いにくい人称代名詞であることは、
考えてみれば気づくのではないだろうか。

　それにもかかわらず、「あなた」は日本語教育において必ず教えられる。もち
ろん、日本語教育において「あなた」を教えなくてもよいということにはなら

ない。ポイントはそこではない。

　冒頭に述べたことを繰り返せば、「あなた」が基本的な日本語であることは間違いない。しかし、「実際に外国人が話す・聞く・書く・読むという言語活動で「使える」日本語」から考えると、果たしてこの条件に合致するだろうかというところがポイントなのである。

「コーパス」で主観をサポートする

　こうした「よく考えてみれば…」と普段は気がつかずにいるということは、日本語という言語においては日本語母語話者ほど陥りやすい。むしろ、日本語非母語話者こそ、こうした点を指摘してくれる可能性があるだろう。

　そして、もう一つこのような「よく考えてみれば…」という点を気づかせてくれるのが、言語における量的なデータ、すなわち「コーパス」である。コーパスとは、新聞や書籍などの言語データをコンピュータで処理可能にした集積体である。コーパスを検索すると、「数」、すなわち量的なデータが出てくる。この量的データそのものは、検索の方法さえ間違えなければ誰でも取得可能である。この量的データから得られるのが「傾向」である。これを、たとえば基本的な日本語の取捨選択において、主観のサポートとして活用しようというのが本書の趣旨である。

　ただし、コーパスから得られるデータは、単なるデータでしかない。そのデータから「気づき」を得るという点が重要であり、その意味ではコーパスを使った研究で重要なのは、結局のところ主観であるという話に戻るわけである。

　それでも、コーパスから得られるデータ、すなわち傾向は、日本語母語話者の主観では気づかないことをもたらしてくれることがある。まして、コーパスは実際に書かれたり話されたりした言語データである。「頭の中で考える日本語」よりも、「実際に外国人が話す・聞く・書く・読むという言語活動で「使える」日本語」に近いといえる。コーパスの活用は、現実場面の日本語を扱えるという点で日本語教育に密接な関係があり、大きく貢献できる可能性を持っているのである。

　以下では、各章でコーパスがどのように活用されているのか紹介しよう。

2. 教材分析から見る日本語

　第2章では、日本語教科書の分析を扱う。先にも述べたように、日本語教育においてコーパスを活用する目的の一つは、「基本的な日本語」の取捨選択であった。主観だけではなく、コーパスによるデータをサポートとして活用しようということである。

既存の教材作成者の「主観の集合体」から学ぶ

　しかし、教材作成をゼロから始める必要はない。既に発行されている日本語教科書の分析をおこなえば、それぞれの教材作成者が工夫と改良を重ねた日本語がみえてくる。たしかに1つの教材だけをみれば、基本的には教材作成者の主観で作成されたのかもしれない。しかし、複数の教材を分析・比較することにより、多くの教材作成者による取捨選択の共通性がみえてくるはずである。すなわち、日本語教科書を分析することは、教材作成者の主観の集合体（定番語彙）を見通すことになる。これを活かさない手はない。

　日本語教科書分析は、特定の語が出てくるか出てこないか以外にも得られる情報がある。たとえば、発行年代による語彙の移り変わりである。時代による変化が起きにくい文法と違って、語彙の場合は年代の影響を色濃く受けることが多い。日本語教科書を発行年代という観点で分析することによって、当時の時代背景や日本語学習者を取り巻く環境などを把握できるのである。

語の難易度を出現位置（提出順）から推定する

　さらに、第2章ではそれぞれの語が教材の中でどの位置に出現するか（最初の方か終わりの方か）という情報も活用している。日本語教育において語彙を扱う場合、どうしても欲しい情報が難易度である。しかし、語の難易度の情報をどのように得るのかは極めて難しい問題である。その点、この教材における出現位置（提出順）という情報は、極めて有効な手立ての一つである。

　このように、日本語教科書をコーパスとして分析することにより、日本語教育を考えていく上で非常に多くの手がかりが得られる。日本語教育といえば教師と学習者ばかりに目が行きがちであるが、その両者を結ぶのが日本語教科書なのである。

既存の日本語教科書をコーパスとして分析する意義

ここまでみてきたように、定番語彙にしても出現位置にしても、既存の日本語教科書をコーパスとして分析して得られるものも、やはり「傾向」である。ただし、一般的なコーパスを分析して得られる傾向が、日本語の使用実態そのものであるのに対して、既存の日本語教科書をコーパスとして分析して得られる傾向は、教科書作成者の「主観の集合体」である点が興味深い。

もちろん一般的なコーパスにおいても、たとえば新聞記者や作家が、その後にコーパス化されて利用されることを意識して文章を書いているわけではないため、一般的なコーパスで得られる傾向も「主観の集合体」であるともいえる。

しかし、日本語教科書は「どのような語彙や例文を、どのように並べて示すと、日本語習得に効果的か」ということに、それぞれの教材作成者が文字通り心を砕いた結果としての産物である。日本語教科書をコーパスとして分析するということがこれら先人の工夫（主観）を読み解くことになり、これからの日本語教育に貢献する特殊な傾向が得られるという点が、まさにコーパスとして分析することの特殊性であるといえる。

日本語教科書の分析をおこなうには、その教材の向こう側にいる教材作成者、教師、日本語学習者、日本語教室など当時の教育環境すべてを思い浮かべながら、先人がその状況でベストと考えた日本語教育から、いかに先人の工夫を学ぶかがポイントとなるだろう。一般的なコーパス分析でも同じことではあるが、日本語教科書のコーパス分析においては、日本語教科書一冊一冊に十分に目を通していくことがより重要になってくる。日本語教科書を通して日本語教育がいかにおこなわれてきたのか知ることは、コーパス化しようがしまいが、私たちの日本語教育の改善に大きな示唆を与えてくれるだろう。

3. 文型とコロケーション

第3章では、文型とコロケーションを扱う。文型とは、たとえば「〜は…です」のように、名詞や動詞などの実質語を除き、助詞や助動詞などの機能語部分だけで枠組みを示したものである。日本語教育において文型は必須の概念であるといえる。文型の種類とその解説については、庵ほか（2000）が詳しい。

日本語教育における文型と実質語の組み合わせの妥当性

　一方、コロケーションとは「語と語の組み合わせ」のことを指す。たとえば上記の文型「〜は…です」であれば、「太郎は学生です」のように語を当てはめて示すとき、前半部分は「太郎」と「は」、後半部分は「学生」と「です」のコロケーションということになる。しかし、例文や問題を作成する際に、この文型に当てはめる語はどのような組み合わせがよいのか迷うこととなる。「太郎」は固有名詞であるため、それほどコロケーションが重要なわけではないが、日本人名の代表として「太郎」でよいのか、そして、述語部分の「学生です」は「〜は…です」の文型を代表するコロケーションであるといえるのか、といった感じで迷うのである。こうした文型と実質語の組み合わせの妥当性を考えるときこそ、コーパスによる情報の取り出しが極めて効果的なのである。

　日本語教科書で扱われている文型は、かなりの部分が共通している。しかし、第2章でも述べられているように語彙については、すべての教科書に共通して掲載されている語は、全体の約1.6%に過ぎない。どの文型にどの語を当てはめるかについても、かなりの部分が教材作成者の主観によるところが大きいと思われる。そこで、主観をサポートして文型に当てはめる語（コロケーション）を考えるために、コーパスを活用するわけである。コーパスを活用した文型とコロケーションについてさらに詳しく知りたいときは、中俣（2014）を参照してほしい。

日本語教育においてジャンルを考える意義

　そして、文型とコロケーションを考えるときにもう一つ重要な情報がジャンル、またはレジスターである。文型と名詞の組み合わせのパターンは、ジャンルを超えて普遍的なものもあれば、特定のジャンルにおいてのみ頻出するものもある。また、話し言葉と書き言葉でも大きく異なる場合がある。

　文型とコロケーションを考える場合、検索対象となったコーパスの特性をよく考慮して、検索結果を眺める必要がある。第3章では、「Yahoo! 知恵袋」がインターネット上の質問サイトという特性上、「教えてください」が極めて高い頻度で出現することを指摘している。このように、コーパスで検索した結果が、日本語の特徴なのか、そのコーパス特有の特徴なのかは、十分に注意する必要

があるだろう。

4. 日本語学習者の発話

第4章では、日本語学習者と日本語母語話者の会話をコーパス化した『日中Skype会話コーパス』を分析する。日本語学習者と日本語母語話者の接触場面なので、どちらがどのような特徴を持つのかを比較できる点が興味深い。

日本語母語話者の直観だけでは予想が難しい問題

たとえば**導入**では、副詞の「とても」を比較している。よほど大規模なコーパスでない限り、コーパスで調査する項目はできるだけ頻度が高いものがよい。なぜなら、頻度が低いと用例数が著しく少なく、サンプル不足の調査になってしまうからである。さて、日本語学習者と日本語母語話者では、どちらが「とても」を多用しているだろうか。この調査結果については第4章を参照してほしいのであるが、結果の予想は簡単ではない。日本語母語話者の直観だけでは簡単に答えが出せない問題であるという点では、これまで強調してきたように、コーパスを利用することの優位性があるといえるだろう。

同じように**例題1**では、日本語学習者と日本語母語話者の否定の返答の仕方がとりあげられている。「いいえ」「いえ」「いや」などの否定の返答形式があるうち、日本語学習者と日本語母語話者であればどちらがどれを多用するのだろうか。これも言語直観だけで答えるのは難しい問題である。とりわけ話し言葉（会話）の場合は、書き言葉以上に日本語母語話者は無意識に話していることが多い。それだけに内省（自分自身の言語直観による判断）ではわからないことが多いのである。

対話文脈を分析する意義

さらに、会話の場合は対話文脈を分析することが可能である。「いいえ」「いえ」「いや」のような応答形式の場合は、自身の発話だけでなく、相手のどのような発話に対する応答なのかを分析する必要がある。もちろん、書き言葉でも小説の会話文なども存在するが、それは作られた会話であり、リアルな会話とはまた別である。これも先ほどから繰り返し述べていることであるが、単に

「いいえ」「いえ」「いや」という形式を数え上げるだけでは、コーパスを有効に利用したことにはならない。対話文脈の中で実際にどのように使われているかを一例一例、丹念にみていくことこそ、コーパスを利用して日本語教育に結びつく知見が得られることにつながるのである。

縮約形など話し言葉特有の特徴をコーパスで分析する

また、**例題2**では日本語学習者と日本語母語話者の縮約形「ちゃう」の使用を調べる。「食べてしまう」が「食べちゃう」になるような縮約形は、書き言葉にも出現するが、話し言葉の方がその頻度は極めて高い。つまり、話し言葉コーパスを利用するのに適したテーマであるといえる。いうまでもないことであるが、話し言葉と書き言葉では大きく特徴が異なる。日本語でもすでに『現代日本語書き言葉均衡コーパス』（BCCWJ）に代表されるように、コーパスは書き言葉から先に構築されることが多く、さまざまな条件的制約により構築に手間がかかる話し言葉コーパスは後になることが多い。

しかし、だからといって書き言葉でおこなわれた分析を、そのまま話し言葉に適用するような分析にならないように注意すべきである。書き言葉には書き言葉の、話し言葉には話し言葉の特徴があり、それぞれの特徴に配慮したテーマや分析方法を考えるべきである。その点、第4章**例題2**の「ちゃう」の分析は、数だけではなくその出現形式などからも考察がおこなわれており、話し言葉コーパス分析のお手本となるものであるといえる。

5. 日本語学習者の作文

第5章では、日本語学習者の書き言葉コーパスである『YNU書き言葉コーパス』（YNUコーパス）を分析する。YNUコーパスは、同一の学習者が書いた12種類の作文を収録したもので、計1,080編の作文がCD-ROMに収められている。日本語母語話者30名、非母語話者60名（韓国語母語話者・中国語母語話者各30名）の作文が収録されている。また非母語話者の作文は、タスクの達成度の評価によって上位群（10名）、中位群（10名）、下位群（10名）に分けられている。

日本語学習者の作文から「何をどう学習項目として扱うべきか」を考える

　日本語学習者の作文コーパスは書き言葉のコーパスではあるが、BCCWJ とは大きくその特徴は異なる。BCCWJ が基本的に日本語母語話者によって書かれたデータの集積体であるのに対し、YNU コーパスは日本語学習者（非母語話者）によって書かれたデータを含むからである。BCCWJ のような一般的な書き言葉コーパスが、日本語母語話者のみえざる言語実態を明らかにするものであるとするならば、YNU コーパスのような日本語学習者の作文コーパスは、日本語母語話者との対比から「何をどう学習項目として扱うべきか」を考えるための手がかりを得るためのコーパスであるとはいえ、より日本語教育に役立つことに直結する可能性を持つコーパスであるといえる。

日中対照の視点を持って分析する

　YNU コーパスでは、面識のない先生へのメールや友達への携帯メール、新聞投書、グラフ描写のレポートなどの 12 のテーマによる作文が収録されている。そのうち、**導入**では**タスク３**「デジタルカメラの販売台数についてのグラフの説明」がとりあげられている。折れ線グラフの描写には「増加」「減少」「増える」「減る」などの数値や変化を表す表現が使われる。

　そしてここでは、日本語母語話者と中国語母語話者、韓国語母語話者で、それぞれの使用数にどのような差があるかを調査している。このとき、たとえば中国語母語話者は漢語を多く用いるのではないかという予測が立てられるのではないだろうか。この予測が合っているのかどうかは本書の第５章を参照してほしいが、やはりこの予測も、コーパスなしには難しい問題ではないだろうか。

タスク（書く目的）があらかじめ統制されているという特徴

　例題１では、**タスク８**「クラブの先輩の事件」が扱われている。先輩が酔っ払って救急車で運ばれたことを、携帯電話のメールで友達に伝えるというタスクである。分析対象となるのは、伝達表現の「らしい」「って」「みたい」「そうだ」の４形式である。それぞれの形式の頻度を母語別、レベル別に集計して考察している。分析のポイントは、それぞれの頻度の解釈をタスクの状況と合わせて考えるという点である。

　一般的な書き言葉コーパスでは、新聞や小説など、言語分析のために集めた

というわけではないデータが多くを占めるのが一般的である。しかし、この YNU コーパスのような作文コーパスでは、タスク（書く目的）をあらかじめ統制しており、この点こそが非常に重要な特徴なのである。

　日本語教育では、初級で日本語教科書を用いて文型を学ぶことが一般的である。伝達表現の「らしい」「って」「みたい」「そうだ」の４形式も、もちろん学ぶわけであるが、「この形式はこういう意味である」ということを学んだだけでは、作文や会話の適切な箇所で当該の文型を使いこなすということには至らないことが多い。したがって、頻度をみるだけでなく、当該のタスクにおいてどのような意図でどのように伝達表現を使用しているかを実際に文脈に基づいてみていくことで、母語や教材の影響などさまざまな習得要因を検討することが可能になるのである。

6.　日本語学習者の母語を考慮する意義

　第6章では、対照言語学的分析として、日本語のコーパスだけではなく中国語のコーパスを駆使して、日中対照をおこなう。

各言語におけるコーパス処理のしやすさ・しにくさ
　コーパスを言語分析に利用可能な状態にするために必要かつ基本的な技術が形態素解析である。しかし、言語によって形態素解析がやりやすいかどうかに大きな差がある。

表1.1　各言語の形態素解析のしやすさ

	単語分割	品詞特定	活用の判別
英　語	○	○	△
日本語	△	○	×
中国語	×	×	○

　表1.1をみてほしい。まず、形態素解析の基本となる単語分割については、英語では分かち書きがなされており、解析をするまでもなく単語の認定が容易である。日本語は英語のような分かち書きがないが、形態素解析技術の発達に

より、現在では 99％以上の精度で単語分割が可能となっている。一方、中国語に関しては、単語分割は極めて困難であり、現状では文字単位での検索をするほかない。

次に品詞特定である。英語と日本語は形態から品詞特定が容易であるが、中国語については形態から品詞特定をすることは困難である。そもそも中国語では機械による品詞特定が難しいだけではなく、人間（中国語母語話者）がみても1つの単語が複数の品詞と解釈される場合もある。機械による自動化はかなり困難を極めると予想される。

最後に活用の判別である。この項目だけは単語分割と品詞特定とは違い、活用がない中国語は活用の判別が不要であり、コーパス処理に向いているといえる。英語についても活用はかなり省略されており、中国語に次いでコーパスで処理しやすい。他方、活用が最も多様な日本語は、コーパス処理においてかなりの負荷となる。しかし、現在の日本語における形態素解析においては、単語分割と同様に、活用の判別もまとめ上げもかなりの精度で自動化されている。

このように、英語・日本語・中国語を比べてみると、コーパスによる処理のしやすさに大きな違いがあることがわかる。どの観点からも英語は、言語の特性として最もコーパスの処理に適しており、コーパス言語学が英語から始まったというのも納得できる。日本語については、上記で解説したように品詞分割と活用の判別で大きな困難を伴うが、2000 年以降の自然言語処理技術の発達により、かなりの部分が自動化可能となっている。しかし、中国語については活用がないという点以外は、コーパス活用が未だ困難な状況にある。しかし、だからこそ中国語のコーパス研究はまだまだ少なく、困難であるからこそチャンスであるといえる。第 6 章は、中国語を母語とする留学生に強くお勧めしたい。

日中対照コーパス分析を言語教育に役立てる

コーパスを用いた日中対照言語学的分析は、もちろん言語学にとっても重要であるが、日本語教育・中国語教育にとっても「学習者の母語を考慮する」という点で極めて意義が大きい。たとえば第 6 章の**導入**では、中国語の「非常」と日本語の「非常に」の後に生じる表現に違いがあるかどうか比較している。この結果については、第 6 章を参照してもらいたいが、重要なのは「2 つの言

語を比較して、それぞれの特徴を導き出すことにより、誤用や母語話者が普段使わないような表現を防ぐことができる」という点である。文法的に明らかな誤用の探索も重要であるが、コーパスによる探索で重要なのは「傾向」である。先にも述べたように、コーパスでは「母語話者が普段使わないような表現」を探索可能である。間違いとまではいかないものの日本語母語話者にとって違和感のある表現を、中国語の傾向に基づいて産出してしまうことを防ぐことが可能なのは、コーパスによる分析ならではの視点である。もちろん、逆に日本語母語話者の中国語教育についても、中国語母語話者にとって違和感のある表現を探索することが可能となる。

　日本語学習者の母語を考慮することによって、日本語にはない傾向に基づいて産出してしまう表現を、先回りして教えることができるというのは、コーパスによる日中対照研究の大きな利点である。先にも述べたように、たとえば第6章で扱われている『北京大学中国語コーパス』においても形態素解析はなされておらず、すべて正規表現による文字列検索をするしかないという点で、中国語のコーパス利用は非常に困難が多い。しかし、それを乗り越えてこそ、言語学においても、言語教育においても日中対照コーパス分析でこそみえてくる成果があるはずである。今後、ぜひ果敢にチャレンジしてほしい分野である。

7.　結局何を「教える」のか

　本章では、コーパスを用いて外国人に日本語教育に貢献する研究方法を検討してきた。日本語教育において、「何を」「どうやって」教えるのかということの「何を」の部分、すなわち内容について検討してきた。とりわけ、コーパスで明らかにできるのが、主観をサポートする「傾向」であることを述べてきた。コーパスとは、言語の集積体であり、これを探索的に調査すれば、さまざまな傾向が浮かび上がってくる。この傾向とは、日本語という言語の使用実態を映したものである。

人間の「主観」とコーパスから得られる「傾向」
　一方で教育という分野の特質を考えたとき、本当に「何を」の部分が「傾向」

でよいのかという問題がつきまとう。なぜなら教育とは、カリキュラムに基づいて教える内容を固定化する必要があるからである。それに対してコーパスから明らかになる傾向は、どちらかといえば不安定であり、時代によってもコーパス化された言語データのジャンルによっても異なる。

コーパスから得られる知見（傾向）は、日本語教育の改善に大きな示唆を与えてくれるが、そこにすべての正解を求めることはできない。あくまでコーパスから得られる知見は、主観のサポートに過ぎないのである。コーパスから得られる知見を参考にしつつも、教育において「何を」教えるかということについては、最終的には教材作成者や教師が決定しなければならないわけである。

現時点においては、コーパスによって、「何を」教えるのかということを決定するのではなく、主観のサポートに活用するというのが、コーパスの教育利用の最適解であるだろう。コーパスによる日本語教育の研究は、まだ始まったばかりの新しい分野である。本書でその方法を身につけ、コーパスによる日本語教育の改善のための研究に、あなたもぜひ参加してほしい。

参 考 文 献

庵功雄・高梨信乃・中西久実子・山田敏弘、松岡弘（監修）（2000）『初級を教える人のための日本語文法ハンドブック』、スリーエーネットワーク

中俣尚己（2014）『日本語教育のための文法コロケーションハンドブック』、くろしお出版

第2章
日本語教材の分析

田中祐輔

| 導入 | 日本語教材はどのように分析できるか考えてみよう。 |

日本語教育の実践や研究に不可欠な教材分析

　日本語教育、およびその研究において、教材の役割は非常に大きいといえる。とりわけ、読者にも身近な『みんなの日本語』などの日本語教科書は、「あるコースを想定し、その対象者、目的、学習時間などを考慮して、学習内容を効果的に学べるように配列したもの」（吉岡、2008：3）であるという特質から、教育内容や指針を最も象徴的に反映するものとされている。そのため、日本語を教える際にも、あるいはそれを研究する際にも、どのような教材を選び、どのように利用するかは極めて重要である。

　そうした教材の選定と利用のいずれにおいても大きな柱となるのが「教材の分析」である（図2.1）。なぜなら、各教材の特徴が把握できていなければ適切に選ぶこともできず、また、特色を活かした利用もできないからである。さらに、文法研究にせよ、教授法研究にせよ、その前提となる日本語教育の実態を自身の研究テーマの観点から明らかにしたいとき、教育内容を反映する教科書の分析は極めて効果的だからである。たとえば、今日の日本語教育において「どのような文法項目が学ばれているか」、あるいは「語がどのように指導されているか」といったことを明らかにしたいとき、教材分析は非常に有効な手立てとなるのである。

　教材を前にしてその特徴を的確に分析できることは、日本語教育の実践力と

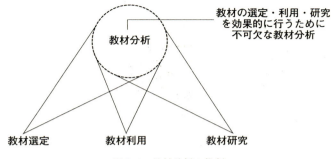

図 2.1　教材分析の役割

研究力を養う上で非常に意義深いことといえる。実際、文部科学省は「日本語教育のための教員養成について」と題して日本語教員養成において必要とされる教育内容の中に、教材の選択と分析、そして開発をあげ、それらの総合的な知見を活用できる能力を有することの必要性を指摘している（文部科学省、2000）。

　そこで本章では、日本語教育において最も普及し利用者の多い初級総合教科書を対象にした分析活動に取り組み、読者が教材分析の手法を理解し習得できるようになることを目的とする。

どのような観点から何を対象に分析するか

　初級総合教科書を対象に「分析」すると一口にいっても、さまざまな対象と切り口がある。1冊の教科書を対象とする場合もあれば、複数の教科書を対象とする場合もあるし、1つの観点から考察する場合もあれば、複数の観点から考察する場合もある。そのため教材を分析する際、まずその対象と分析の観点を決めなければならない。

　本章では、読者が教材分析の基礎を理解し、なるべく広い視野から日本語教材について考えられるように、「日本語教育において初級総合教科書はどのような語彙を扱ってきたか」という大きな観点から、複数の教科書を対象にした分析をおこなうこととする。

分析に必要不可欠な定義づけ

　対象と分析の観点が決まったら、次に、それぞれの言葉の意味を厳密にして

おく必要がある。たとえばこの章の場合では、「日本語教育において初級総合教科書はどのような語彙を扱ってきたか」という観点の中に「語彙」という言葉があるが、意味を明確に定義づけておかなければ、分析者と読者とが、同じ対象を同じ観点から考察していると思いきや、実は全く異なっていたということになりかねないからである。

　日本語教育におけるさまざまな事柄や語句の定義づけをおこなう際、最初に拠り所となるのが既に定義されている資料である。有用なものとして第一にあげられるのが、日本語教育に関する事典である。理論的な概念から実践的な教授法まで、幅広い事柄について書かれているため、詳しく正確な情報を得たい場合に役立つ。第二に、該当する語の全体像や周辺事項を大まかに把握したいときには、日本語教員養成課程やそれに準じる目的のために書かれた講座や概説書が役立つ。主な事典と講座・概説書を表2.1に示す。

　第三に、研究書・研究論文があげられる。それぞれの分野の専門家が執筆したもので、特定の事項やトピックについて詳しく、また、最も新しい情報を得たいときに役立つ。オンライン上で探す場合は、次のデータベースが有用である。Google Scholar（海外の文献を探したい場合、本文に書かれた語句から検索したい場合に特に強い）、国立国会図書館サーチ（NDL Search；国立国会図書館をはじめ、全国の公共図書館、公文書館、美術館や学術研究機関などが提供する資料、デジタルコンテンツを統合的に検索することができる）、CiNii（NII 学術情報ナビゲータ；論文、図書・雑誌や博士論文などの学術情報で検索できる。本文を無料で閲覧できる文献にのみ絞り込むことも可能）、J-STAGE（日本国内の科学技術情報関係の電子ジャーナル発行を支援するもので、文献の抄録や本文を読むことが可能）、JAIRO（日本の各学術機関の機関リポジトリの学術誌論文、学位論文、研究紀要、研究報告書などに関する情報を横断的検索可能）などがあげられる。そのほか、各研究機関が文献情報を公開する機関リポジトリなどもあるが、機関リポジトリのデータは JAIRO、CiNii と流れていくよう設定されているため、川下の CiNii からあたるのが一般的には合理的と考えられている。

　これらは、著者名や書名、論文タイトルで検索できることはもちろんのこと、キーワードや文中に現れる語句の検索など、さまざまな検索がおこなえるため、

第 2 章　日本語教材の分析　　　　　　　　　　　　　　　　　　　　　*17*

表 2.1　事典・講座・概説書の例

事　典	
『日本語教育事典』（日本語教育学会、1982）	『An Overview of Japanese Language Education』（日本語教育学会、1996）
『縮刷版　日本語教育事典』（日本語教育学会、1987）	
『日本語教育ハンドブック』（日本語教育学会、1990）	『新版　日本語教育事典』（日本語教育学会、2005）
『日本語教育の概観』（日本語教育学会、1995）	『研究社日本語教育事典』（近藤・小森、2012）
講座・概説書	
『日本語教育指導参考書』（国立国語研究所、1970-2001）	『開かれた日本語教育の扉』（松岡・五味 編著、2005）
『日本語教育ブックレット』（国立国語研究所、2002-2007）	『成長する教師のための日本語教育ガイドブック（上下巻）』（川口・横溝 著、2005）
『講座　日本語と日本語教育』（明治書院）	『ベーシック日本語教育』（佐々木、2007）
『講座・日本語教育学』（スリーエーネットワーク）	
『国際交流基金日本語教授法シリーズ』（ひつじ書房）	『続もしも…あなたが外国人に「日本語を教える」としたら』（荒川、2007）
『改訂版 日本語教育能力検定試験に合格するためのシリーズ』（アルク）	『日本語と日本語教育のための日本語学入門』（宮地、2010）
『日本語教育の過去現在未来』（凡人社）	『日本語教育を学ぶ　第二版』（遠藤、2011）
『NAFL 日本語教師養成プログラム』（アルク）	『新はじめての日本語教育』（高見澤、2014）
『日本語教師の 7 つ道具シリーズ』（アルク）	『日本語教育学の歩き方―初学者のための研究ガイド―』（本田・岩田・義永・渡部、2014）
『日本語教育学を学ぶ人のために』（青木・土岐、2001）	
	『日本語教育学入門』（姫野・小森、2015）
『もしも…あなたが外国人に「日本語を教える」としたら』（荒川、2004）	『日本語教育　学のデザイン―その地と図を描く―』（神吉 編、2015）

　知りたい項目を入力して文献を探すことができる。しかし一口にデータベースといっても、目的や構築方法が異なるため、同じ検索キーワードでもヒットする文献が異なる。日本語教育関連文献について筆者が特にお勧めしたいのは、国立国語研究所による「日本語研究・日本語教育文献データベース」である。これは、日本語関係の論文や図書に関する情報をデータベース化したもので、約 22 万 5 千件のデータから文献を検索することができ、そのうちの約 2 万件の論文については本文の PDF を閲覧できる（2017 年 8 月現在）。

定義をしてみよう

　以上をもとに「語彙」を定義してみよう。まず、国立国語研究所編（1988）では「一定の範囲においておこなわれる語の集合である」（p. 3）と述べられている。日本語教育学会編（2005）では「ある範囲のなかの語（単語）の集合をいう」（p. 222）とされ、「初級日本語教科書に出てくるという基準で範囲を区切った語の集合を『初級日本語教科書の語彙』という」（p. 222）と述べられている。つまり、「語彙」とは、ある範囲の中の語の集合であり、本章が対象とする初級総合教科書の語彙について考える場合は、教科書に掲載された語を抽出して分析することが求められる。

　しかしながら、日本語教育学会編（2005）で「単語を認定しようとすると容易ではない。たとえば、複合語の場合など、意味のまとまりの単位で単語とするか、構成要素となっている単位を単語とするか、独立性を指標とするか、発音（アクセント）が一まとまりの場合単語とするかなど、いろいろな観点から考えられる。内容語（語彙的意味を持つ語）と機能語（文法的意味を持つ語）という分け方もある」（p. 222）と指摘されているように、語の認定は容易ではない。この章では、ここでいうところの「内容語」を語とみなし、分析をおこなうこととする。

　しかしながら、内容語についても厳密な抽出は容易ではない。三宅（2005）で「文法化」として指摘されているように、「内容語だったものが、機能語としての性格を持つものに変化する現象」（p. 62）も存在する。前掲書が両者の連続性を指摘するように、厳密に区分できるものではないが、この章では可能な限り一定の基準で抽出するために「実質的な意味が抽象化、希薄化、あるいは消失する、という意味的な側面で」（p. 63）、あるいは「自律性を失い、専ら文法機能を担う要素になる」（p. 63）形で機能語としての性格を持つ場合は分析対象としないこととする。

　以上からこの章では、語彙としての語の範囲は「初級総合教科書に提示されている語の集合」とし、また語は「特に内容語を指すものの、そのうち、機能語としての性格を持つようになった内容語を排除したもの」と定義する。

主要教材3種に共通する語は何か

　それでは、さっそく教科書の語をみてみよう。岩田（2011）で初級総合日本語教科書として主要な教科書とされている『みんなの日本語』（1998）、『げんき』（1999）、『大地』（2008）ではどのような語を指導しているのか。本格的な分析に取り組む前に、これらに掲載された語のうち、すべての教科書で使われている語を分析し割り出してみよう。まずは、表2.2のうち、すべての教科書で使われている語がどれか推測し丸をつけてみよう。

表2.2　『みんなの日本語』『げんき』『大地』に共通して指導される語の候補

品　詞	語項目
名　詞	家、本、先生、たばこ、女、テニス、夏休み、りんご、桜、男、野球
動　詞	食べる、寝る、遊ぶ、話す、歩く、勉強する、選ぶ、答える、運ぶ、渡す
形容詞	赤い、大きい、おもしろい、おいしい、丸い、かわいい、細い、正しい、弱い

　正解を導くために、上記の教科書で扱われている語が掲載されたコーパスデータを用いて分析する。まず、朝倉書店のウェブサイトより「主要日本語教科書3種語彙データ.xlsx」web をダウンロードし、開く（図2.2）。「出現度数」でフィルターをかけ（🔍付録5）、「1.00」のみにチェックを入れる。この「出現度数」とは、出現回数を数値化したものである（数式：$f(x) = x/n$。出現度数1.00は、すべての教科書に出現していることを意味する）。

　次に、フィルターされた項目のデータを全選択し、新しいExcelのシートに貼り付ける。項目数が852項目あることが確認できるだろう。この852項目について「品詞」フィルターをみると、「名詞」「動詞」「形容詞」「形容動詞」「副

語彙	ひらがな	意味	品詞	出現度数	出現頻度	みんなの日本語(1998)	げんき(1999)	大地(2008)
間	あいだ		名	1.00	3	0.82	0.87	0.83
赤い	あかい		形	1.00	3	0.86	0.65	0.86
上げる	あげる	与える	動	1.00	3	0.88	0.43	0.79
明日	あした		名	1.00	3	0.94	0.91	0.93
あの	あの		連体	1.00	3	1.00	1.00	0.98
あまり	あまり		副	1.00	3	0.86	0.91	0.86

図2.2　「主要日本語教科書3種語彙データ.xlsx」と出現度数

詞」「感動詞」「接続詞」「代名詞」「連体詞」「接頭/接尾語」「連語」「造語」「慣用表現」の13種となっているが、「品詞」でフィルターをかけ、「名詞」「動詞」「形容詞」にチェックを入れることで、該当する品詞の語をそれぞれ表示する。表示した結果のうち、表2.2にあげられた名詞（家、本、先生、たばこ、女、テニス、夏休み、りんご、桜、男、野球）、動詞（食べる、寝る、遊ぶ、話す、歩く、勉強する、選ぶ、答える、運ぶ、渡す）、形容詞（赤い、大きい、おもしろい、おいしい、丸い、かわいい、細い、正しい、弱い）をみると、名詞では「家、本、先生、たばこ、女、テニス」が、動詞では「食べる、寝る、遊ぶ、話す、歩く」が、形容詞では「赤い、大きい、おもしろい、おいしい」が、『みんなの日本語』『げんき』『大地』に共通して指導される語であることがわかるのである。

　このように、本章では付録のコーパスデータを用いて、日本語教科書の内容とその特徴を明らかにする方法を解説していく。教科書分析に関する基礎的な知識と理論を学びながら、自身の実践や研究、またその準備のための活動に取り組み、理論と実践の両輪から教材・教具論に関する知見と実践力を習得してほしい。とりわけ「教材・教具の種類や内容を把握したい」「教材を比較し選定する方法を知りたい」といった希望を持つ場合や、「教材・教具研究を自身の研究テーマに取り入れたい」「教材分析を用いて調査結果の裏づけとしたい」「現状教材が抱える問題を解決したい」といった問題意識を持つ場合は、本章は効果的であると考えられる（図2.3）。

教材・教具の種類や内容を把握し、教材を選定する方法を知りたい。

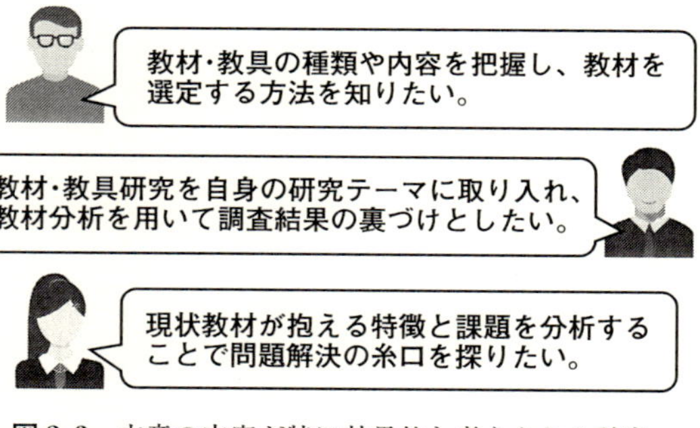

教材・教具研究を自身の研究テーマに取り入れ、教材分析を用いて調査結果の裏づけとしたい。

現状教材が抱える特徴と課題を分析することで問題解決の糸口を探りたい。

図2.3　本章の内容が特に効果的と考えられる読者

第 2 章　日本語教材の分析　　　*21*

例　題　1　戦後に発行された教科書に共通する定番語彙は何か、調べてみよう。

　導入では、現行教育で指導されている語の調べ方を確認した。次に、過去から現在にかけた通時的視点から、戦後の主要日本語教科書ではどのような語が扱われているかを調べる活動に取り組む。まず着目したいのは、戦後の日本語教科書の全体像であり、具体的には、「戦後いずれの年代のいずれの教科書でも扱われている定番語彙は何か」である。読者のみなさんはどの程度あると考えるだろうか。表 2.3 に記載されている語のうち、すべての教科書に共通して扱われる名詞はどれか。丸をつけてみよう。

表 2.3　すべての教科書に共通する名詞の候補

品　詞	語項目
名　詞	日本、お母さん、電話、山、着物、コーヒー、左、教室、明日、医者、映画、～円、お金、お父さん、風邪、学校、かばん、勉強

■　データ作成の手順

調査対象

　上記の戦後日本語教科書の全体像を導き出すためには、戦後に発行された教科書を網羅的に収集しデータ化した上で分析する必要があるが、まずはそのデータ作成の手順について考えてみよう。戦後に発行された教科書といってもさまざまで、そのすべてを自身で把握することは困難である。なぜなら、1950 年代や 1960 年代は市販の教科書は少なく、学校ごとにガリ版刷り教科書が用いられていたりもしたからである。また、図書館や資料館では教科書の「初版」を保存する習慣がなく、国立国会図書館にもすべては残っていない。全国の図書館の蔵書と貸出し状況を検索できる Calil や、大学図書館等が所蔵する図書・雑誌の横断検索 CiNii Books でも探すのは困難なのである。

　そこで、教材研究の分野では、網羅性のあるリストを作成している先行研究を参照することで対象を把握する方法が用いられている。日本語教科書を網羅

表 2.4　日本語教科書を網羅的にリスト化している先行研究

書　籍	研究成果報告書
国際交流基金（1976）『教科書解題』	日本語教育史研究会（1993）『第二次世界大戦前・戦時期の日本語教育関係文献目録』
国際交流基金（1978）『日本語教材リスト』	吉岡（2004）『第二次大戦期までの日本語教育関係文献目録』
国際交流基金（1983）『日本語教科書ガイド』	
河原崎・吉川・吉岡 編著（1992）『日本語教材概説』	前田（2005）『日本語教科書目録集成』
日本語教育学会（1992）『日本語教材データファイル』	吉岡（2008）『第二次大戦期以降の日本語教育教材目録』
吉岡 編著（2008）『徹底ガイド日本語教材』	吉岡（2012）『日本語教材目録及び日本語教材関連目録』

的にリスト化している先行研究としては、表 2.4 に示すものがある。

　本章では、表 2.4 に示した先行研究のうち、戦後発行の初級総合教科書を網羅的にリスト化している『日本語教材目録及び日本語教材関連論文目録』（吉岡、2012）（以下、「目録」）を参照し、調査対象をそれらの記述に従うことにする。目録掲載の初級総合教科書は 153 種あるが、そのうち、初版本を入手することができたのは 44 種である。本章では、そのうち、抽出と確認、データ化の作業が完了したものの中から、なるべく偏りが生じないように各年代の冊数を調整した 21 種 34 冊の初級総合教科書の語彙を分析対象とする。対象教科書の合計掲載語数（異なり語数）は 8,306 項目である。年代別の対象教科書を掲載語数とあわせて表 2.5 に示す。

　対象教科書で扱われている語数（異なり語数）を調査した結果、表 2.5 で示した 8,306 項目であることが明らかとなった。教科書の種別に平均値を求めると、1 種の初級総合教科書に平均して 1,474 語が掲載されていることがわかる。これまでの先行研究では、「初級段階では基本的な文法・文型とともに、基本的な語彙約 1,500 〜 2,000 語、漢字約 500 を習得させることを目安とし、その消化のために 250 〜 300 時間が必要であると考えられてきた」（木村ほか、1989：108）、「一般に初級段階で与える語彙数は 1,000 から 1,500 語ぐらい、多くても 2,000 語どまりであろう」（森田、1986：98-99）、「一般に日本語教育の場で初級というのは、基本的な文型、語彙約二〇〇〇語、片仮名、平仮名、漢字三〇〇〜四〇〇字、学習時間三〇〇時間を経た段階である」（北條、1989：238）、というように、初級段階では 1,500 から 2,000 程度の語が指導されると述べられてき

第 2 章　日本語教材の分析　　　　　　　　　　　　　　　　　　　　　　*23*

表 2.5　調査対象となる初級総合教科書と掲載語数

1950 年代（3 種 3 冊）	語　数
長沼直兄（1955）『改訂標準日本語読本 巻一』長風社	1,069
国際学友会日本語学校 編（1954）『日本語読本 巻一』国際学友会	1,306
国際学友会日本語学校（1954）『NIHONGO NO HANASIKATA』国際学友会	636
1960 年代（2 種 3 冊）	
小川芳男・佐藤純一（1963）『日本語四週間』大学書林	1,062
大阪外大留学生別科（1967）『BASIC JAPANESE 1-2』Osaka University of Foreign Studies	2,756
1970 年代（4 種 6 冊）	
東京外国語大学外国語学部附属日本語学校（1970）『日本語 1』東京外国語大学外国語学部附属日本語学校	1,190
小出詞子（1971）『Easy Japanese 1-3』Let's Company	1,158
吉田弥寿夫ほか（1973）『あたらしい日本語』学研プラス	2,850
国際交流基金（1974）『日本語入門』国際交流基金	726
1980 年代（4 種 5 冊）	
名古屋大学総合言語センター日本語学科（1983）『A Course in Modern Japanese 1-2』名古屋大学出版会	1,482
早稲田大学語学研究教育センター 編（1984）『外国学生用基礎日本語』早稲田大学語学研究教育センター	743
文化外国語専門学校日本語科（1987）『文化初級日本語 I』凡人社	1,016
言語文化研究所附属東京日本語学校（1988）『長沼新現代日本語 I』言語文化研究所	913
1990 年代（4 種 9 冊）	
海外技術者研修協会（1990）『しんにほんごのきそ I-II』スリーエーネットワーク	1,409
国際基督教大学（1996）『ICU の日本語　初級 1-3』講談社インター	1,353
スリーエーネットワーク（1998）『みんなの日本語初級 1-2』スリーエーネットワーク	1,921
坂野永理・大野裕・坂根庸子・品川恭子・渡嘉敷恭子（1999）『初級日本語げんき 1-2』The Japan Times	1,622
2000 年代（4 種 8 冊）	
文化外国語専門学校（2000）『新文化初級日本語 I-II』凡人社	2,039
岡本輝彦・木川和子・辻本澄子・西尾節子・松井充子（2002）『初級　語学留学生のための日本語 I-II』凡人社	1,658
TIJ 東京日本語研修所（2006）『はじめよう日本語　初級 1-2』スリーエーネットワーク	2,064
山﨑佳子・石井怜子・佐々木薫・高橋美和子・町田恵子（2008）『日本語初級 1-2　大地』スリーエーネットワーク	1,972

た。先行研究の指摘通り、戦後日本語教材では、1 種の初級総合教科書において約 1,500 語が扱われていることがデータから裏づけられる。

　集計をおこなうにあたって、各教科書で取り扱われている語は、対象教科書

の中で学習項目として提示されているものと、例文や会話文に出現するものを集計した。集計漏れやミスなどが生じないように目視や手作業での集計は極力避けたかったが、次の理由から目視と手作業でおこなった。(1) 教科書をスキャナで画像データ化し、光学文字認識ソフトで文字コードの列に変換する場合、教科書に多用されているルビやイラスト、表の影響で読み取りミスが多数生じてしまうこと。(2) 仮に文字コードの列に変換できたとしても、森（2013）が指摘するように、形態素解析の段階で少なくないミスが生じる恐れがあること。以上である。集計結果は、Excel でまとめ、その語の品詞についても記した。なお、説明文や設問文の中に出現していても、特に学習項目として明示されていないものは除外した。また、一度集計したものは同じ教科書では再度集計しないこととした。

語の掲載頻度を調べ集計する

戦後の日本語教科書の全体像として「戦後いずれの年代のいずれの教科書でも扱われている定番語彙は何か」を明らかにするためには、各語項目が対象教科書のうちのどれだけの教科書で扱われているかを調べる必要がある。そこで、各語項目の「出現頻度」として、それぞれの語がどれだけの教科書で取り扱われているかを集計する。対象教科書は 1 冊で完結しているものと、数冊のシリーズになっているものとがあるため、この論文の調査対象は 21 種計 34 冊となっているが、どれだけの教科書に掲載されているかを集計する際は種別にカウントした（最大値：21）。

以上の手法を用いた調査と分析から得られた結果を考察し、既存教科書の視座から戦後日本語教育において初級総合教科書が、いかなる「語彙」を扱ってきたかについて明らかにしてみよう。

■ **考察と解説**

それではさっそく、朝倉書店のウェブサイトより「戦後主要日本語教科書掲載語彙コーパス.xlsx」(web)をダウンロードし分析してみよう。

ファイルを開いた後、タブから「出現度数」でフィルターをかけ、「1.00」のみにチェックを入れる。この「出現度数」とは、出現回数を数値化したもので

第 2 章　日本語教材の分析　　　*25*

表 2.6　全教科書に共通する語項目の品詞別詳細

品　詞	語項目
名　詞	間、明日、医者、一、今、妹、上、家、映画、〜円、お金、お父さん、弟、会社、風邪、学校、かばん、火曜日、昨日、今日、金曜日、九、国、月曜日、五、子供、魚、三、四、時間、下、十、十一、十九、十九、十五、十三、十四、十七（じゅうしち）、十七（じゅうなな）、十二、十八、十四、十六、新聞、水曜日、先生、父、手紙、電車、友達、土曜日、中、二、母、日、人、病院、〜分、部屋、勉強、本、毎日、前、木曜日、夜、四、六
動　詞	上げる、ある、歩く、言う、行く、いる、起きる、教える、思う、買う、帰る、書く、貸す、聞く、来る、する、食べる、できる、出る、なる、寝る、のる、見る、持つ、読む、分かる
形容詞	赤い、いい、忙しい、大きい、寒い、長い、難しい
代名詞	あれ、ここ、これ、そこ、それ、どこ、わたし
副　詞	あまり、すぐ、そう、どう、時々、まだ
造　語	〜ヶ月、〜月、〜時、〜日（にち）、〜人（にん）、〜年
接頭/尾語	お〜、御（ご）〜、〜さん、〜つ、何〜、毎（まい）〜
形容動詞	上手、好き、大変、どんな
感動詞	ありがとう／ありがとうございました、いいえ、はい
連体詞	あの、この、その
接続詞	／
連　語	／
慣用表現	／

ある（数式：f(x)＝x/n。出現度数 1.00 は、すべての教科書に出現していることを意味する）。次に、フィルターされた項目のデータを全選択し、新しい Excel のシートに貼り付ける。項目数が 138 項目あることが確認できる。タブから「品詞」でフィルターをかけ、品詞ごとに集計することができる。結果を表 2.6 に示す。

　対象教科書掲載語 8,306 項目のうち、すべての教科書（21 種）に共通する語は 138 項目であり、この 138 項目はいわゆる「総合教科書の定番語彙」とみなすことができるが、割合としては全体の約 1.6% に過ぎないことがわかる。

　同じ手法で、それぞれの語の出現頻度（どれだけの対象教科書で扱われているか）についてみてみると、共通する語の教科書の種類がわかり、実は、1 種の教科書にのみ掲載された語が一番多いことがわかる。掲載された教科書数ご

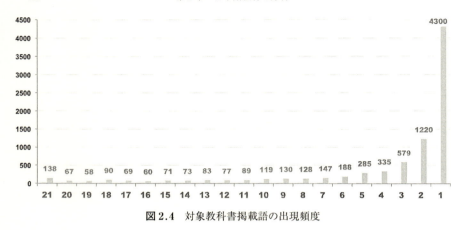

図 2.4 対象教科書掲載語の出現頻度

との語数を図 2.4 に示す。

　図 2.4 をみると、教科書で取り扱われる語については、掲載語全体に占める共通項目の割合が低く、逆に共通しない項目の占める割合が大きいといえる。このことは、「これまでの日本語教育、特に初級の段階においては、多くの教科書やカリキュラムが文型・文法シラバスを軸として構築されており、学習者が必要とする語彙の教育に目が向けられることが少なかったと言える」(三上、2006：49)、「現在の日本語教科書は、どちらかと言えば文型の提出順序に重きを置いていて、語彙の提出順序には配慮が十分に行き届いていない場合が多い」(浅野、1987：8) と指摘される語彙シラバスの検討の不十分についてデータの側面から裏づけるものである。また、それぞれの教科書に掲載された語の共通性が低いということは、見方を変えれば、それぞれの教育目的や目標、学習者ニーズに対して語彙選定がさまざまであるということでもある。加えて、「ベテラン教師の勘や経験に頼ることの多かったシラバスの作成」(山内、2014：203)、「学習辞書における採録語は、執筆者の勘かあるいは『日本語能力出題基準』に採録された 8000 語強の語彙を参照することが多いと思われる。しかし、この『基準』そのものが複数の日本語教科書の調査から帰納的に選び出されたものが中心となっていることから、その根本は教科書作成者、すなわち日本語教師の勘に帰着してしまうものである」(今井、2010：91) というように、教師の経験や勘に基づいて構築されてきたシラバスについて、個々の初級総合教科

書を分析してみると、その勘そのものも実は不安定かつ曖昧な面があることが指摘できる。

例題 2 戦後の日本語教科書で取り扱われている語が年代ごとにどのように変化しているのか調べてみよう。

例題 1 では、戦後の日本語教科書の全体像として「戦後いずれの年代のいずれの教科書でも扱われている定番語彙は何か」を明らかにした。ここでは、戦後日本語教科書の変化として、取り扱われる語が年代ごとにどのように変化しているかを明らかにしたい。そこで、「各年代の日本語教科書にのみ出現する語」に着目する。当時の時代背景や日本語学習者を取り巻く環境を考慮しながら、どのようなものがあるか推測し、以下の表に語を書き込んでみよう。

	1950 年代	1960 年代	1970 年代	1980 年代	1990 年代	2000 年代
名　詞						
動　詞						
形容詞						
形容動詞						
副　詞						
感動詞						
接続詞						
代名詞						

それでは、朝倉書店のウェブサイトより「戦後主要日本語教科書掲載語彙コーパス.xlsx」 web をダウンロードし分析してみよう。

ファイルを開いた後、「出現頻度」でフィルターをかけ、「1.00」のみにチェックを入れる（1 種の教科書にのみに現れる語を表示させる）。次に、フィルターされた項目データを全選択し、新しい Excel のシートに貼り付ける。項目数

表 2.7　各年代の 1 種の日本語教科書にのみ出現する語

年　代	具体例
1950	赤帽、いたずらな、いんげん、馬市、うまや、売り子、かくせいき、蕪、汽車賃、銀二郎、ぐずつく、娯楽放送、じびきあみ、職工、新三郎、せともの屋、ぞうり、そんなら、ちちうえさま、チョッキ、つんぼ、ていしゃば、手ぬぐい、天火、でんわきょく、トタン、友三郎、ニュースえいが、はがね、はしらどけい、馬主、はまき、はるきち、火の粉、ほかけ船、まきたばこ、まくらぎ、めくら、メリケン粉、雪江、りはつ屋
1960	あの世、あらい場、あるかなきか、家元、煎る、いんべ焼、宇治、乳母、うらぼんえ、エゴ、エンゲル係数、送り火、おそなえ、おともする、お守り役、回教徒、かがり火、かせいソーダ、かま場、かやぶき、かわさき重工業、聞きわけ、クーデター、君主主義、軍部、原子、げんばく、自動ろ出計、資本家、宗教しんぶん、政治小説、政党しんぶん、畜産、帳場、ヒューマニズム、古どうぐ屋、ペニシリン、ポートタワー、捕鯨、ポンド・ヤード制、民主主義、むつかしい、目方、めのと、文殊、リアリスト、露出計、ワンマン・カー
1970	あけぼの、エロ、グロ、ナンセンス、おうせつま、オブザーバー、化学繊維、かかりつけ、キャディ、軽工業、ケネディ、乞食、サービス業、三 LDK、氏姓制度、自然主義者、自民党、事務機械、ジャパノロジスト、就学率、集中教育、女史、ズームレンズ、総合雑誌、ソフトクリーム、妙子、弾圧、ツーピース、鉄火、テレビっ子、～堂、にぶい、ネガカラー、廃液、袴、埴輪、バンガロー、ビフテキ、ポジ、ポピュラー音楽、無常、ローマ字化、ロマン・ロラン
1980	E・T、海老フライランチ、カードボックス、カニコロッケランチ、こくさいがくぶ、サーロインステーキ、スリット、生協、チーズケーキ、ティーパーティー、デイリーランチ、デューティーフリー、バックナンバー、ハムサンド、ビーフシチュー、ブラウジングルーム、ポークカツ、ミートスパゲッティ、ミレー、ラジオカセットレコーダー、リムジンバス、レーザー
1990	アクセス、アナウンスする、ウェイター、大江健三郎、カセットテープ、キャプテン・クック、クリニック、クレーン、コインロッカー、コーヒーポット、こくさいかんけい、国際経済、国際問題、コンテスト、コンパ、コンパクト、サーフィン、再入国ビザ、ジム、スキー場、セミナー、タンゴ、ちかん、テレビゲーム、電子図書館、電子メール、ドラえもん、ぬいぐるみ、ノーベル文学賞、パッキング、フォーメーション、ホワイトデー、水不足、ミリオン、やくざ、留守番電話、ワゴン車、ポケベル
2000	J-ポップ、OK する、USJ、アリバイ、イエローカード、イヤホーン、インターンシップ、宇宙ステーション、エレクトーン、オプショナルツアー、カウンセラー、カジュアルな、カップめん、ギフト券、クーポン、グリーン車、クロール、広告会社、合コン、サウナ、写真コンテスト、シュートする、商品券、スカウトする、スノーボード、スパイ、スロープ、ダイビング、ダウンロードする、データサービス、デラックスコース、ドライクリーニング、トリック、ナイキ、フレックスタイム、ブログ、プロジェクター、ロボット工学

が 4,300 項目あることが確認できる。該当語が掲載された教科書の年代を確認する。表 2.7 に、具体例を抜粋する。次に「品詞」でフィルターをかけ、品詞ごとに集計することで解答が導き出される。

第2章　日本語教材の分析　　　　　*29*

演習 1　日本語教科書の語がどのような順序で扱われているか調べてみよう。

　教科書に掲載された語は当時の教育内容や日本語の使用状況を示すものであるが、その語がどの位置で指導されているかということからも多くの情報を得ることができる。戦後主要日本語教科書全体の中で、次の語が指導される順について考え、指導の早い順に並び替えよう。

> お父さん、お母さん、食べる、飲む、
> 赤い、青い、病院、学校、あなた、わたし、
> はい、いいえ、ありがとう、すみません

　各語項目がそれぞれの教科書で取り扱われる際の順序（提出順）とその特徴を明らかにするためには、数式を用いて、各語項目の提出順を「配列値」として標準化し、それぞれを比較する必要がある。
なぜなら、今回対象とされている教科書の分量は同一ではないため、たとえば「第10課に提出されている」としても、それが全部で30課ある教科書の中の第10課であるのと、全部で15課ある教科書の第10課とでは提出順の意味が変わってくるからだ。どのようにすればよいかを考え、取り組んでみよう（解答として事例の一つを朝倉書店のウェブサイトに掲載するので参照されたい）。

　ウェブサイトに掲載されたコーパスデータを、同じくウェブサイトに記載された手法を用いて分析すると表2.8の結果が導かれる。

表2.8　演習1の結果

順　位	語　彙	平均配列値
1	はい	0.99
2	いいえ	0.98
3	わたし	0.94
4	あなた	0.93
5	学校	0.88
6	ありがとう	0.87
7	すみません	0.84
8	赤い	0.83
9	飲む	0.81
9	青い	0.81
11	食べる	0.79
12	病院	0.77
13	お父さん	0.68
14	お母さん	0.67

演習2 語の出現頻度と提出順との間には相関があるのか、統計解析ソフトRで検証しよう。

ここまで「出現頻度」と「提出順」といった形でコーパスデータを複数の切り口から分析してきたが、それらのデータをかけ合わせることで新たな発見が生まれることもある。なるべく多くの角度からみつめることが大切であるとともに、それらをかけ合わせる活動に取り組むことも重要なのである。それでは、これまでみてきた出現頻度と提出順とに相関はあるのか。両者の相関を割り出し、考察してみよう。

それぞれの語項目の「出現頻度」と「配列値」との関連を明らかにするために、統計解析ソフトR（R 3.2.2 GUI 1.66）を利用して相関係数を算出する。Rを用いた詳しい算出の手順は朝倉書店ウェブサイトの「戦後主要初級総合日本語教科書掲載語彙コーパス」 web を参照されたい。

ウェブサイトに掲載されたコーパスデータを、同じくウェブサイトに記載された手法を用いて分析すると、x軸数値（出現頻度）とy軸数値（提出順）の相関の度合いが導かれ、図示すると図2.5のような結果となる。

対象教科書全体はr(全体)＝0.24となり、緩やかな相関がみられる。図の中

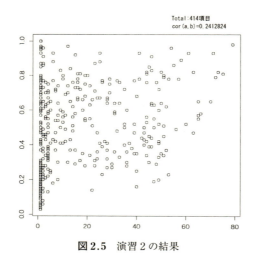

図2.5 演習2の結果

央から左部をみると点で示された各語項目が疎らに分布しており、出現頻度が低い項目は、提出順がさまざまであることがわかる。逆に中央から右部をみると、図の右上部に向かって点が分布しており、出現頻度が高い語は提出順も高い傾向にあることが見受けられる。また、図の右下部をみると空白がみられ、出現頻度が高い語で提出順が低いものは少ないことがわかる。

発展 1 戦後主要初級総合日本語教科書の中で、過半数の教科書で扱われている語項目の品詞別割合を調べてみよう。

発展 2 山内編（2013）では、日本語教育における言語活動と言語素材を「話題」という観点から分類している。戦後主要初級総合日本語教科書の中で、過半数の教科書で扱われている「名詞」の中で、最も多く出現した「話題」の上位5話題を調べてみよう。

----- コラム 1 -----

教科書のデータ化のポイント

　教科書に掲載された語を分析するには、まず、教科書に掲載された語をデータ化することから始めなければならない。しかし、ただ闇雲に情報を収拾すればよいということでは当然なく、データ化にはいくつかのポイントがある。

　普遍性を裏づける網羅性：　第一に、データ化において最も重視される点は、そのデータの普遍性である。その場、その場で結果が変化してしまうデータや、特定の事例にのみ適応される結果しか導き出せないデータでは、当然不十分といえる。日本語教育の研究に用いるのであれば、テーマについて明らかにしたいことを普遍的に示すもの、あるいは、日本語教育そのものを普遍的に示すものであることが重要となってくる。

　ではどうすればよいかというと、対象とすべきものが「網羅的」に含まれているということが一つのポイントとなる。教科書分析でいえば、教科書のデータが日本語教育をある程度示すものである必要があり、教科書を研究することが日本

語教育そのものを研究することにつながるようにしなければならない。研究対象に「網羅性」があることが教科書のデータ化に際し最も重要なポイントの一つといえるのである。

選定基準を明確に： 調査者自身が考える「日本語教育」を論じる上で十分に網羅されている対象であればよいということであるが、それを実現することは容易ではない。たとえば、日本語教科書の分析において、すべての教科書をデータ化するとなると、体力的にそれなりに大変である。最近では、テクノロジーの発達で、文章をスキャンして自動的に文字化する OCR（Optical Character Recognition）ソフトなどもあり、その方法で論文集をスキャンして分析するといった研究もおこなわれているが、教科書の場合、イラストや表が多く、また、分かち書きやルビがあることから、OCR によるデータ化は難しい実情がある。そのため、必然的にある程度対象を絞っていかなければならない。しかし、絞ることで得られたデータの信憑性が維持できるかについても考えなければならず、これが非常に難しい。

そのため、個人研究の場合は分析対象の選定基準を設けるということがとても重要になってくる。たとえば、年少者の日本語教育に携わる場合、年少者向けの日本語教科書すべてを対象にする、あるいは、理工系学生を対象にした日本語教育に携わる場合、理工系学生のための日本語教科書すべてを対象にする、といったように、基準が明確であればある程度は数を絞ることができる。

分析の観点を絞る： だが、それでもまだ難しい。教科書を開いて、掲載されている語を一つ一つ入力するということでしごく単純なようにも思われるが、試しにおこなってみると実は難しい。対象がある程度絞られたとしても、その内容をほとんど打ち込むのは、それはそれで難しいのだ。その場合、分析の観点を絞ることが重要となってくる。理工系の学生の日本語教育でいえば、その特徴の一つは語彙である。そこで、いかなる語彙が指導されているのかを調べてみることにした場合、教科書すべてではなく、教科書の課ごとの語彙を打ち込むという作業が考えられる。理工系学生のための日本語教科書を網羅的に対象とし、分析の観点を「扱われている語彙」というように、さらに絞る。シンプルな手法で、自分のオリジナリティーのある教科書のデータ化が実現可能となるのである。

教科書のデータ化のポイントとして、普遍性のあるデータを作成するためには、

対象の網羅性に留意し、それを実現するためには選定基準と分析の観点を絞っていくことがあげられるのである。

----コラム2----

データ化の足取りを記録する大切さ

反証可能性の確保の必要性： 研究に必要不可欠な事項として反証可能性を持たせるという点があげられるが、教科書のデータ化に際しては誰が作っても同じデータとなるようにすることが極めて重要である。

たとえば、データ化の対象について、一口に教科書といっても、一冊で構成さ

表 2.9 凡例（語彙抽出の基準）

①	複数冊にまたがるシリーズ本は、そのシリーズの根幹となる本編のみを対象とした（例：『げんき』(1999) は「会話・文法編」のみ対象とし、「読み書き編」は対象から外した）。
②	初級から上級まで複数冊存在する教科書は、初級に該当する部分のみを対象とした（例：長沼(1955) 巻一のうち、初級にあたるのは第一部であるため、第一部のみを扱った）。
③	語の配列値の算出にあたって、同一語が複数回出現した場合、該当教科書における初出のみを扱った。また、シリーズ教科書の出版年は、巻ごとに若干異なるものもあるが、この場合は、田中(2015) の手法に即して第1冊の出版年をそのシリーズの出版年とみなした。
④	補助動詞の「〜てある」「〜ていく」「〜ている」「〜ておく」「〜てくる」「〜てみる」「〜てもらう」などは対象としない。
⑤	造語はセットで集計したが、単独で出現した場合は、再度単独の形でも集計した（例：想像力、〜力）。
⑥	連語は一語として扱った。
⑦	接頭語、接尾語、造語は、単独で集計した。
⑧	教科書内の見出しは対象から外した（例：「人称」「連体修飾語」「新しい漢字」「言い方のれんしゅう」「ことばのいみ」「練習会話」「応用」「活動」など）。
⑨	教科書に掲載された写真や、図、グラフの上部に記された語は対象から外した（例：『あたらしい日本語』(1973)、『A Course in Modern Japanese 1-2』(1983) など）。
⑩	語の活用が異なるものは1つに統合して集計した。
⑪	品詞が異なる場合は統合せずに集計した（例：「あさねぼうする」と「あさねぼう」、「あそび」と「あそぶ」など）。
⑫	語の綴字が異なるものは、個別に集計した（例：「なのか」と「なぬか」など）。
⑬	表に掲載した語について、教科書内で平仮名表記であるものでも、見やすさの観点から漢字表記を括弧内に付記したものがある。

れているものもあれば、シリーズ物のケースもあり、どの部分までを調査対象に含めるのかといった問題が起きてくる。『みんなの日本語』シリーズでいえば、広く用いられている本冊以外にも翻訳・文法解説、語彙訳、教え方の手引き、標準問題集、文型練習帳、読解や作文のための副教材、漢字教材、視聴覚教材と実に幅広い。仮に本冊のみを対象とすると決めた場合でも、中身のデータ化に際して冒頭の解説や筆者のまえがき、奥付はどうするのかなどの問題もあり、課のみに絞ったとしても、教科書内の見出しは対象とするのかといった問題も生じる。

誰が作っても同じデータとなるよう足跡を明記する： こうしたデータ化をめぐる作成者のさまざまな判断について、きちんと記録を取り、明記しなければ、読者やほかの研究者が同じようにデータを作成することができないのである。本章で紹介したコーパスデータについても主に表2.9のようなデータ化の足跡を記録し、「凡例」として示している。

参 考 文 献

浅野百合子（著）、国際交流基金日本語国際センター（編）（1987）『教師用日本語ハンドブック5　語彙』、凡人社

今井新悟（2010）「日本語学習辞書開発の課題と要件について」、『山口国文』**33**、86-96

岩田一成（2011）「文法研究のきっかけとしての「教科書分析」」、森篤嗣・庵功雄（編）『日本語教育文法のための多様なアプローチ』、ひつじ書房、123-128

北條淳子（1989）「中・上級の指導上の問題」、寺村秀夫（編）『講座　日本語と日本語教育13　日本語教育教授法（上)』、明治書院、238-267

木村宗男・窪田富男・阪田雪子・川本喬（編）（1989）『日本語教授法』、桜楓社

国立国語研究所（編）（1988）『語彙の研究と教育（上)』、大蔵省印刷局

日本語教育学会（編）（2005）『新版　日本語教育事典』、大修館書店

三上京子（2006）「日本語教育のための基本オノマトペの選定とその教材化」、『ICU日本語教育研究』**3**、49-63

三宅知宏（2005）「現代日本語における文法化―内容語と機能語の連続性をめぐって―」、『日本語の研究』**1**(3)、61-76

森篤嗣（2013）「語彙から見た「やさしい日本語」」、庵功雄・イヨンスク・森篤嗣（編）『「やさしい日本語」は何を目指すか―多文化共生社会を実現するために―』、

ココ出版、99-115

森田良行（1986）「初-中級移行過程における語彙教育」、『講座日本語教育』**22**、98-108

文部科学省（2000）『日本語教育のための教員養成について』、日本語教員の養成に関する調査研究協力者会議

山内博之（編）橋本直幸・金庭久美子・田尻由美子・山内博之（2013）『実践日本語教育スタンダード』、ひつじ書房

山内博之（2014）「シラバス作成に客観性を持たせる試み」、『国語研プロジェクトレビュー』**4**(3)、197-204

吉岡英幸（編著）（2008）『徹底ガイド日本語教材―教材から日本語教育が見える‼―』、凡人社

吉岡英幸（2012）『日本語教材目録及び日本語教材関連論文目録』、文部科学省科学研究費補助金による基盤研究（C）「日本語教材の史的研究」研究成果報告書（1）

第3章
文型とコロケーション

森　篤嗣

導入　自己紹介でよく使われるのは「会社員」か「サラリーマン」か調べてみよう。

初級日本語教科書として、広く普及している『みんなの日本語　初級Ⅰ本冊〔第二版〕』の第1課には、下記の文型が示されている。

[1]　わたしは　マイク・ミラーです。
[2]　サントスさんは　学生じゃ（では）　ありません。
[3]　ミラーさんは　会社員ですか。
[4]　サントスさんも　会社員です。

使用されている語はごくわずかである。このうち、「会社員」という語について、どう感じるだろうか。「会社員」よりも「サラリーマン」の方が日本語として一般的ではないかという疑問は感じないだろうか。

こうした疑問について、数量的に調べることができるのがコーパスである。さっそく、「少納言」（付録3.1）を用いて『現代日本語書き言葉均衡コーパス』（BCCWJ）（付録2.1）で調べてみよう。

・「会社員」584件
・「サラリーマン」1,884件

結果は上記の通りであった。『みんなの日本語』の初版は1998年発行であり、さらにその元となる『新日本語の基礎』の初版は1990年発行である。現在の感覚からすると、少し古めかしい語が使われるのは仕方がない。

第3章　文型とコロケーション　　　　　　　　　　　　　*37*

　もちろん、「会社員」と「サラリーマン」が完全に置き換え可能な同義語というわけではない。「会社員」は会社に雇われる従事者を指すが、「サラリーマン」は給料生活者であれば、会社に雇われているか否かは問わない。したがって原理的には、概念としては「サラリーマン」の方が広いと思われる。だが、実際にはほぼ同義語として使われているというのも実情である。日本語学習者の生活において接する頻度という点を考慮すると、より頻度の高い「サラリーマン」に置き換えることは検討の余地があるといえるだろう。

　このように、日本語教育では、教科書に依存してしまうのではなく、自分自身の日本語感覚を大切にして「疑問を持つ」という態度が不可欠である。さらに、疑問を持ったらコーパスなどで調べてみるということも重要であることがわかるだろう。

例　題　『みんなの日本語』第 14 課のテ形の導入文型が妥当か検証しよう。
　1

　『みんなの日本語　初級 I 本冊〔第二版〕』第 14 課で文型として示されるのは次の 3 つの文である。

　　[1]　ちょっと　待って　ください。
　　[2]　荷物を　持ちましょうか。
　　[3]　ミラーさんは　今　電話を　かけて　います。

　これらの文が導入文型として妥当かコーパスで検証してみよう。

■ データ作成の手順
① 「中納言」（🔍付録 4.1）で『現代日本語書き言葉均衡コーパス通常版』を選択し、「検索対象を選択」でコアデータだけにチェックを入れる（図3.1）。
② 「短単位検索」で、下記の 4 種類の検索をおこなう。
　　（ア）（前方共起 1）語彙素「て」and 品詞の小分類が「助詞-接続助詞」＋

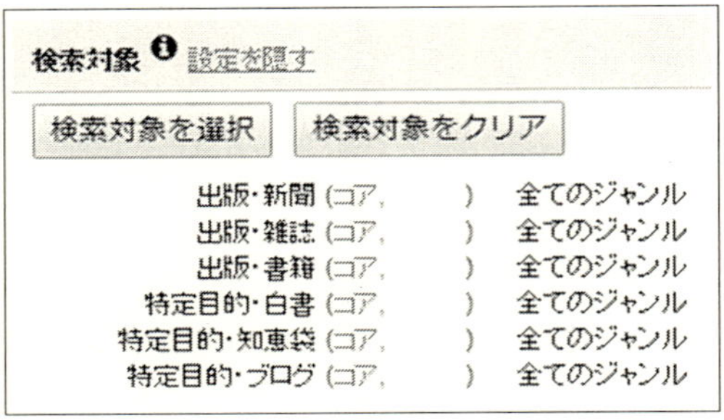

38　　　　　　　　　第3章　文型とコロケーション

図3.1　検索対象の選択で「コアデータ」のみにした場合

　　　　（キー）品詞の大分類が「動詞」
（イ）（前方共起1）語彙素「て」and 品詞の小分類が「助詞-接続助詞」＋
　　　（キー）品詞の大分類が「形容詞」
（ウ）（前方共起2）語彙素「て」and 品詞の小分類が「助詞-接続助詞」＋
　　　（前方共起1）品詞の大分類が「助詞」＋（キー）品詞の大分類が
　　　「動詞」
（エ）（前方共起2）語彙素「て」and 品詞の小分類が「助詞-接続助詞」＋
　　　（前方共起1）品詞の大分類が「助詞」＋（キー）品詞の大分類が
　　　「形容詞」
③　ダウンロードしたデータを Excel で開き、「ピボットテーブル」（🔍付録5）
　　を用いて頻度表を作成する。

　以上の手順で作成したそれぞれの頻度表を、合算して複合頻度表を作成した。
その頻度上位10語を集計したのが表3.1である。

　表3.1をみればわかる通り、10語のうち9語は「て＋動詞」であり、「て＋
形容詞」は「〜てほしい」が入るのみである。「て＋助詞＋動詞」「て＋助詞＋
形容詞」は一つも含まれていない。上位10位には入らなかったものの頻度が
100以上であったのは、「て＋動詞」が2つ（「〜てある」「〜ていただく」）、
「て＋形容詞」が1つ（〜ていい）、「て＋助詞＋形容詞」が1つ（〜てもいい）
であった。

表3.1 「て＋動詞」「て＋形容詞」「て＋助詞＋動詞」「て＋助詞＋形容詞」

順　位	文　型	件　数
1	居る（〜ている）	11,154
2	来る（〜てくる）	1,728
3	行く（〜ていく）	943
4	仕舞う（〜てしまう）	806
5	見る（〜てみる）	558
6	呉れる（〜てくれる）	553
7	下さる（〜てくださる／〜てください）	483
8	貰う（〜てもらう）	336
9	置く（〜ておく）	245
10	欲しい（〜てほしい）	170

■ 考　察

　初級日本語教科書として、最も普及している『みんなの日本語 初級 I 本冊〔第二版〕』では、第 14 課で初めてテ形が導入される。この教科書の標準的な学習時間は 100 〜 150 時間とされているため、14 課／全 25 課を学習するタイミングというのは、日本語をおよそ 52 時間〜 78 時間学習した段階である。

　先に示したように、『みんなの日本語　初級 I 本冊〔第二版〕』第 14 課で文型として示されるのは次の 3 つの文である。

　　[1]　ちょっと　待って　ください。
　　[2]　荷物を　持ちましょうか。
　　[3]　ミラーさんは　今　電話を　かけて　います。

　この 3 つの文のうち、テ形であるのは [1] の「待ってください」と [3] の「電話をかけています」である。文型でいえば「〜てください」と「〜ています」になる。この 2 つの文型が、テ形の導入文型として妥当かどうかを考えるには、次のリサーチクエスチョンを検討する必要があるだろう。

> **RQ 1**：テ形の導入文型として、「〜てください」と「〜ています」は妥当か

　ここではこの **RQ 1** を例題として取り組んでいくこととして、BCCWJ コアデータを対象として、「中納言」で検索をおこなった。

さて、それでは表3.1の結果を考察していこう。まず注意したいのは、「頻度が高い＝テ形の導入の代表文型として妥当」という単純なことではないということである。コーパスで調査した結果は、あくまで客観的証拠の一つに過ぎず、日本語教育にとって本当に意味がある結果かどうかは、自分自身で分析して検証する必要がある。

表3.1の調査結果の頻度上位は、「～ている」「～てくる」「～ていく」であった。「～ている」が最もよく使われるテ形の文型ということは疑いなさそうで、その意味では <u>**RQ1** の結論として「～ている」をテ形の文型の代表として扱うことは、あくまで頻度からみた場合だが、妥当であるといってよさそうである</u>。

しかし、もう一つの「～てください」については7位ということで頻度が高いとはいいきれない。ここで考察のために、レジスターの分布をとりあげる。中俣（2014）では、「～てください」の38.19％は「教えてください」であるという結果を示している。「Yahoo! 知恵袋」が質問サイトであるという特性から考えれば、これは当然である。

そこで、「て＋くださる」に限って改めて検索をおこない、レジスター別に円グラフに集計してみることとする（🔍付録5）。そうすると、図3.2の結果となった。

やはり中俣（2014）の結果と同じく、圧倒的に「特定目的・知恵袋」の割合が65.84％と高くなっている。さらにいえば、コアデータだけに限った本調査

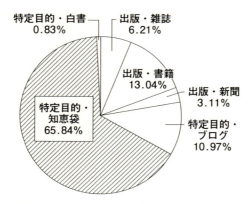

図3.2 「て＋くださる」に限って検索した結果

結果の方が、より極端な結果となっている。この結果をどのように考えるべきだろうか。

　日本語教育という分野の特性を考える場合、「Yahoo! 知恵袋」の割合が極端に高くても、結果として頻度が高くなる「〜てください」を代表文型として扱うのは妥当であるという考え方もある。一方で、「教えてください」に偏ったデータを含めるのは妥当性を欠くという考え方もあるだろう。

　こうした点の判断こそ、調査目的や教材作成目的に応じて、自分自身で考えなくてはならない点である。客観的にこうでなくてはならないという答えはない。コーパスの結果だけで判断するのではなく、あくまで日本語教育に最も適切な結論は何かを検討することが最優先なのである。コーパスによる頻度調査だけですべてがわかったり、決められたりするわけではない。ただ、この結果をみると、RQ 1 の結論として「てください」をテ形の文型の代表として扱うことは、微妙な部分があり、ほかのデータによるさらなる検証が必要だということはいえそうである。

▌解　説

1. 調査目的に応じた検索条件の検討　　日本語教育に限った話ではないが、コーパスを使用する際には、いきなり検索するのではなく、調査目的に応じた検索条件の検討が不可欠である。**例題 1** でいえば、テ形を調査するにあたり、いきなり中納言を使って「て」を検索してもうまくいかない。まず、先行研究から、テ形の全容を概観してみる必要がある。

てあげる、てある、ていく、ている、ていた、ていない、ておく、てから、てください、てくださいませんか、てくる、てください、てくださいませんか、てくれ、てくれない↑、てくれますか、てくれませんか、てくれる↑、てくれるな、てさしあげる、てしまう、てはいけない、てほしい、てみる、ても、ていい、てもいい、ていただけませんか、てもらいたい、てもらう、てもらえませんか、てやる、てよこす
庵ほか（2000）

42　　　　　　　　　　第3章　文型とコロケーション

> てあげる、てある、ていく（時間的用法）、ていただく、ている、ているところだ、
> ておく、てから、てください、てくださる、てくる（時間的用法）、てくれる、て
> しまう、てはいけない／てはいけません、てほしい、てみる、ても、てもいい、て
> もらう、てやる　　　　　　　　　　　　　　　　　　　　　　　中俣（2014）

　上記の2つのハンドブックに収録されているテ形を検討し、中納言でどのような条件で検索すればできるだけ漏れなくテ形を検索できるかを検討する。もちろん調査目的によっては、「ても」のような「テ形に助詞が後接する形は除く」などの方法を採ることも考えられる。ただ、その場合も「できないから／面倒だからやめた」ではなく、調査目的に即して調査範囲を限定する理由をしっかり検討する必要がある。

　2.　主観性判断と客観性判断　　　例題1であげた**RQ1**のように、何らかの課題について妥当かどうかを判断する場合、**考察**でも述べた通り、注意したいのは「頻度が高い＝テ形の導入の代表文型として妥当」という単純なことではないということである。繰り返しになるが、コーパスで調査した結果は、あくまで客観的証拠の一つに過ぎず、日本語教育にとって本当に意味がある結果かどうかは、自分自身で分析して検証する必要がある。

　そして、妥当かどうかを判断する方法としては、主観性判断と客観性判断がある。成人の外国人に対するテ形の導入例文として妥当かどうかを主観で判断することができるのは、基本的に経験のある日本語教師ということになる。『みんなの日本語』の初版は1998年発行で、この例文は1998年発行の初版からある例文であるため、当時の作成者の主観性判断で選ばれた可能性が高い。

　これに対して、**例題1**ではコーパスを用いて客観的に検討した。もちろん完全な客観性判断というのは存在しないため、ここで示すコーパスの検索結果という客観的証拠に基づいて妥当かどうかを自身で判断する必要がある。

　3.　コーパスの検索結果は用法別には表示されない　　　また、**考察**では扱わなかったが、頻度2位の「〜てくる」と3位の「〜ていく」に関して、コーパスにおける用法の問題について考察してみよう。中俣（2014）でも「〜てくる」と「〜ていく」については、「時間的用法」という用法の注釈があった。BCCWJ

の結果をみてみても、「戻ってくる」や「落ちてくる」など空間的用法が散見される。

しかし、「中納言」をはじめとするコーパス検索ツールでは用法別に集計することはできない。なぜなら、コーパスの検索結果は形態素解析という技術に基づいて表示されているわけだが、これは機械による処理であるため、形式を分類することには長けていても、意味を分類することは極めて不得手であるからである。

したがって、コーパスを利用する際には「用法別、意味別などの集計はできない」ということを念頭に置いておかなければならない。ただ一方で、用法や意味は、日本語教育において極めて重要である。では、どうすればよいのか。それは自分自身の目でみて分類するしかないということになる。コーパスは万能ではない。用法や意味を扱いたい場合は、形式で検索した後、人間の目でみる必要があるのだ。大変だと思うかもしれないが、これによりコーパスを用いた分析にオリジナリティが生まれるのである。

さて話を戻すと、「〜ていく」と「〜てくる」は頻度からみても、テ形の導入として最優先する必要はないだろう。それよりは、「〜てくる」と「〜ていく」とセットで改めて別にとりあげた方がよいという方向性が妥当である。しかし、『みんなの日本語』では「〜てくる」と「〜ていく」は改めては扱われていない。第14課で最初に扱わなくてもよいにしても、頻度で2位と3位にくるテ形文型のペアを無視してしまうというのもどうだろうか。このあたり、コーパスによる客観的証拠の重要性が示せそうな事例であるといえよう。

例題 2 『みんなの日本語』の第14課で「〜てください」を導入するとき、代表例として「待ってください」は妥当か検証しよう。

■ データ作成の手順

① 「中納言」で『現代日本語書き言葉均衡コーパス通常版』を選択する（検索対象は「全て」）。

② 「短単位検索」で、下記の検索をおこなう。

（キー）品詞の大分類「動詞」＋（後方共起1）語彙素「て」and品詞の小
分類が「助詞-接続助詞」＋（後方共起2）語彙素「下さる」and品詞の中
分類が「動詞-非自立可能」

③　ダウンロードしたデータをExcelで開き、「ピボットテーブル」を用いて頻
度表を作成する。

以上の手順で作成した頻度表の上位10語は下記の表3.2の通りである。表
3.2をみればわかる通り、「待つ」は頻度10位に入っていない。「待つ」は17
位で309件であった。一方、「教える」と「する」は1万件を超えている。ただ
し、「する」については、「〜ようにする」のような連語的なもののほか、「電話
する」「相談する」など漢語サ変動詞すべてを含むことになるため、この内実を
知るためには再検索が必要となる。

■ 考　察

まず、**例題1**と異なる点として、「コアデータ」に限らずに「全て」を検索
対象にした理由から述べたい。**データ作成の手順**で述べた検索方法をコアデー
タに限って実施した場合、検索結果は454件に過ぎない。これは表3.1の7位
「下さる（〜てくださる／〜てください）」が483件であったことから概ね予想
がつくことである（表3.1とは検索条件が異なるため件数は必ずしも一致しな
い）。総データ数が454件だと、頻度表の上位10語でも表3.3の通り、データ

表3.2　検索条件を「全て」にした
ときの頻度表

順　位	動　詞	件　数
1	教える（おしえる）	16,969
2	為る（する）	11,608
3	見る（みる）	4,549
4	頑張る（がんばる）	1,051
5	来る（くる）	1,049
6	上げる（あげる）	1,006
7	行く（いく）	591
8	付ける（つける）	581
9	置く（おく）	540
10	遣る（やる）	512

表3.3　検索条件を「コアデータ」
にしたときの頻度表

順　位	動　詞	件　数
1	教える（おしえる）	181
2	為る（する）	77
3	見る（みる）	41
4	来る（くる）	12
5	上げる（あげる）	9
6	頑張る（がんばる）	9
7	聞く（きく）	7
8	書く（かく）	6
9	遣る（やる）	6
10	言う（いう）	5

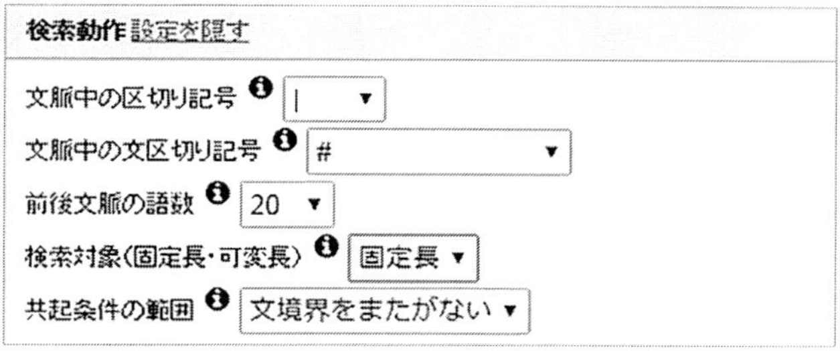

第3章　文型とコロケーション

図 3.3　検索の対象を固定長のみにした場合

数が1桁になってしまい、信頼性が低くなってしまう。

　上位10の動詞であれば、表3.2と大きく差がないともいえる。しかし、本調査で対象となる「待つ」に至っては1件で、51種類のほかの動詞と同数ということになってしまい、やはり信頼性に欠ける。したがって、データ数を確保するために検索対象範囲を広げる必要があるのである。

　なお、統計的に適したデータを得るために、検索対象を「固定長」に限るという方法もある（図3.3）。

　BCCWJでは、1つのテキストからは長さの異なる2種類のサンプルを採取している。長さを1,000字に固定した固定長サンプルと、節や章など文章の意味上のまとまりに対応した可変長サンプルである。統計的に適したデータを収集するには、ランダムサンプリングにより近い方式である固定長サンプルだけに限る方がよいとされている。

　ただし、固定長サンプルは『出版サブコーパス』『図書館サブコーパス』『白書』の3種類に限られ、「Yahoo! 知恵袋」や「教科書」「広報誌」などのレジスターが含まれない。こうしたBCCWJのデータ構成についても、使いながら知識を深めていくことが必要である。

　さて、本題に戻ろう。『みんなの日本語 初級 I 本冊〔第二版〕』第14課で文型として示されるのは次の3つの文であった。

[1]　ちょっと　待って　ください。

[2]　荷物を　持ちましょうか。

[3]　ミラーさんは　今　電話を　かけて　います。

　この 3 つの文のうち、「〜てください」は「待ってください」で導入されている。「〜てください」の代表例として、「待ってください」が妥当であるかどうかを **RQ 2** としたい。

> **RQ 2**：「〜てください」を導入するとき「待つ」は当該文型の代表例として妥当か

　この **RQ 2** に対して、頻度だけで答えるとすれば「妥当ではない」ということになる。表 3.2 で示したように、「待つ」は上位 10 にも入っておらず、17 位で 309 件となっている。少ない数字ではないが、「〜てください」導入時の代表例として妥当かといわれると、「待つ」は少なくとも頻度の面から考えると妥当とはいえないだろう。

　では、「待つ」でなければ何が妥当だろうか。頻度からいえば「教える」が最も多いことがわかる。しかし、**例題 1** でもとりあげた、中俣（2014）による「〜てください」の 38.19％は「教えてください」であるという指摘を思い出してほしい。これが大きく表 3.2 の数値に影響している可能性がある。

　そこで、「教える」に限って改めて検索をおこない、レジスター別に円グラフに集計してみることとする。そうすると、図 3.4 の結果となった。

　例題 1 以上に圧倒的な偏りとなった。「教えてください」はほとんど「Yahoo! 知恵袋」だけで使われているといっても過言ではない。この結果を考慮すると、「教える」を「〜てください」の代表例とすることは問題があるといえるだろう。

　そこで「Yahoo! 知恵袋」をデータから除いて再度集計した結果を表 3.4 に示す。

　再集計の結果、「教える」は 4 位で 760 件となった。「Yahoo! 知恵袋」を除いたとしても、代表的な例であることは間違いないが、やはり順位は下がる結果となった。「待つ」は 12 位で 277 件と、こちらはやや順位を上げたが、それでも上位 10 には入っていない。

　そして、代わって 1 位になったのは「する」である。これは先にも述べたよ

第3章　文型とコロケーション

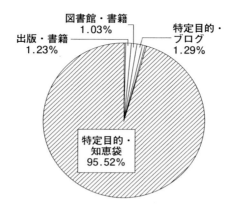

図3.4　「教える」に限って検索した結果

表3.4　「動詞＋てください」

順　位	動　　詞	件　数
1	為る（する）	7,987
2	見る（みる）	2,030
3	来る（くる）	885
4	教える（おしえる）	760
5	置く（おく）	398
6	遣る（やる）	381
7	言う（いう）	380
8	居る（いる）	375
9	行く（いく）	368
10	上げる（あげる）	318

（「Yahoo!知恵袋」を除く）

うに、「する」には「～ようにする」のような連語的なもののほか、「電話する」「相談する」といった漢語サ変動詞がすべて合算された数字であるため、代表例と結論づけるのは難しい。

　そうなると、2位の「見る」、3位の「来る」、そして4位の「教える」あたりが、頻度からみた場合「～てください」の導入において妥当な動詞であるということになる。

　ただし、**例題1**の**考察**でも述べた通り、コーパスの結果だけで判断するのではなく、あくまで日本語教育に最も適切な結論は何かを検討することが必要で

ある。たとえば中俣（2014）では、日本語教科書によく出てくる動詞として、「止める」を重要な用法としてピックアップしている。これは、「やめてください」がとっさの一言として重要であり、なおかつ「〜ないでください」を使わなくても、ほぼ同じ意味のメッセージを伝えられるからであると中俣は説明している。日本語教育ではコーパスの頻度だけにとらわれないこうした観点が極めて重要である。

▌解　説

1.　頻度表を作成する意義　日本語教育には文型という概念が存在する。たとえば、「動詞＋てください」や「名詞＋はどうですか」といったものだ。この文型を習得することによって、日本語学習者は表現の幅を広げていくという考え方が構造シラバス（文型シラバス）と呼ばれるものである。

　このとき、文型と結びつく名詞や動詞は基本的に何でもありうるというのが構造シラバスの考え方であるが、実際には文型と結びつく名詞や動詞には、当該の文型によって結びつきやすいものと、結びつきにくいものがある。たとえば、「動詞＋てください」では、「教えてください」「見てください」「来てください」が多く使われることが本章の調査でも明らかになった。しかし、「（日本語を）習ってください」は非常に頻度が低い。頻度が低いということは、理解の側面からいえば日本語学習者がこの文型では出会いにくい日本語ということになり、表現の側面からいえば日本語学習者の不自然な日本語ということになる。こうした文型との結びつきやすさを追究し、日本語教育に役立てていこうというのが、名詞や動詞などの頻度表を作成する意義である。

　また「動詞＋てください」では、文法としてはそもそも意思動詞しか使えないため、「消してください」はいえても「消えてください」はいえないということになっている。しかし実際の言語使用を考えてもらうと、悪口として「消えてください」は使える可能性がある。実際にコーパスで確認してみると、「消してください」は18件、「消えてください」は1件あった。どちらにしても頻度が高いわけではないが、コーパスで頻度表を作成して分析する際には、頻度が高いところばかりをみるのではなく、「そういう表現がある」ということも確認してほしい。ちなみに、「消えてください」の1例は、「Yahoo! ブログ」のコメ

第 3 章　文型とコロケーション　　　　*49*

ント欄で使われていたもので、やはり悪口としての用法であった。

　頻度表を作成して、その文型の傾向を大まかに把握することも重要であるが、一つ一つの例を目視で確認して、どのようなレジスターで、どのように使われているかを把握することも重要である。

2．BCCWJ 全体の頻度と文型における頻度を比較する

表 3.2 では、1 位が「教える（おしえる）」で 16,969 件、2 位が「為る（する）」で 11,608 件、3 位が「見る（みる）」で 4,549 件であった。「教える」のレジスターの偏りについては、**考察**で扱ったが、それとは別にもう一つの問題がある。

　それは、BCCWJ 全体の頻度との比率がどうなっているのかという点である。たとえばこの 3 つの動詞で考えてみると、「為る（する）」は全動詞で常に 1 位となるほど頻度が高く、「教える」は 3 つの中では頻度が低めと考えられる。BCCWJ 全体の頻度が高ければ、「てください」に限らず、どんな文型でも頻度が高くなるのは当たり前である。逆にいえば、BCCWJ 全体での頻度が低いにもかかわらず、当該の文型での頻度が高い場合こそ、その文型に特有の結びつきと認定することができるという考え方もある。

　そこで、BCCWJ 全体と「てください」における頻度の比率を実際に調べてみると表 3.5 の通りとなる。

　表 3.5 は「てください」の頻度順ではなく、「てください／全体」の比率が高い順に並べ替えた。「教える」については、**考察**でも示したように、「Yahoo! 知恵袋」というレジスターの特性が大きく関わっているといえる。それを考慮しても、「教える」全体の 52.47％もが「てください」とい結びつくという比率は圧倒的である。

　もう一つ、2 位の「頑張る」は興味深い。**考察**で、「〜てください」の導入において妥当な動詞を検討したときは上がってこなかったが、表 3.5 での比率が 8.86％というのは、「教える」を除けば、文型（「てください」）との結びつきがかなり特徴的に強いといえる。

　表 3.5 では上位 10 動詞しか検討していないが、こうした比率を計算する場合は上位数百ないし、全動詞を対象にするということも検討すべきである。ただし、母数（頻度）が小さくなりすぎると、極端な比率が計算として出てきてし

第3章　文型とコロケーション

表 3.5 「動詞＋てください」全体と文型の比較

順　位	動　詞	BCCWJ 全体	てください	てください／全体
1	教える（おしえる）	32,340	16,969	52.47%
2	頑張る（がんばる）	11,856	1,051	8.86%
3	上げる（あげる）	38,103	1,006	2.64%
4	見る（みる）	223,222	4,549	2.04%
5	付ける（つける）	44,215	581	1.31%
6	置く（おく）	61,241	540	0.88%
7	遣る（やる）	90,348	512	0.57%
8	為る（する）	2,563,860	11,608	0.45%
9	来る（くる）	238,115	1,049	0.44%
10	行く（いく）	220,816	591	0.27%

まうため、その点は注意してほしい。

3.　形態や意味で分類して傾向を探る　　「動詞＋てください」の場合は、動詞の形態はテ形しかありえず、文末も命令・指示であるためテンス（時制）による分類などもできない。しかし、たとえば「動詞＋と思う」であれば、文末は「と思う／と思った／と思わない／と思わなかった」など、テンスと肯否で分類が可能である。分類をすることによって、非過去形のときに文型と結びつきやすい動詞や、否定形のときに結びつきやすい動詞などの条件が浮かび上がってくる可能性がある。さらにいえば、普通体とですます体での差もあるかもしれない。

　このように、一口に文型といってもさまざまなバリエーションがある場合、そのバリエーションごとに結びつきやすい動詞は異なる可能性があるため、こうしたバリエーションについてコーパスで丁寧に検索して分析を重ねることで、日本語学習者にとって有用な情報を引き出すことができるかもしれない。

　また、動詞や名詞の意味・用法で分類して傾向を探るという方法もある。コーパスの処理として最も一般的なのは、形態素解析による形態論情報付与（品詞や語種などの情報の自動付与）である。一方で、コンピュータによる自動処理が難しいのが、意味・用法の分類である。したがって、意味・用法に着目してコーパス結果を分析するには、手作業（主観による意味・用法判別）が必要となる。

第3章　文型とコロケーション　　51

　たとえば森（2014）では、ナガラ節の2つの意味解釈「付帯状況」と「逆接」の意味判別を手作業でおこない、分析をおこなった。「付帯状況」が78.45%、「逆接」が21.55%と、比率に大きな差があることがわかった。さらに「逆接」になるルールがどのくらいの精度で、どれくらいの「逆接」を判別できるかを調査した。

　このように、コーパスの検索結果にあえて手作業で、意味・用法の分類をおこなうことで、コーパスの検索結果から新たな傾向を探ることも可能になる。ただし、気をつけてほしいのは、手作業で意味・用法の分類をおこなう際に、どれくらい信頼性のある情報付与になっているかという点である。意味・用法の数が増えれば増えるほど、個人により分類の揺れが生じやすくなる。できるだけ、複数人による分類をおこない、突き合わせをおこなうことで精度を高めるようにすべきである。

演習 1　条件を表す「と・ば・たら・なら」の導入順序について検証しよう。

　接続助詞「と・ば・たら・なら」をある条件 web で検索すると、表3.6ができあがる。

　単純に頻度だけでみると、「と」が最も多いため、「と」から導入すればよいということを考えるかもしれない。しかし、導入順序の検討はそう単純な話ではない。もちろん、「コーパスにおける頻度が高い＝日常的によく使われている」という観点は、導入順序を検討する上で重要な要因の一つではあるがそれ

表3.6　条件表現「と・ば・たら・なら」の頻度

条件表現	件　数
と	2,287
ば	1,963
たら	962
なら	581

だけでは決まらない。導入順序のもう一つの重要な要因は難易度である。

庵（2001）では、文法的特性として条件の種類を5つあげている。

1) 仮定条件

2) 反事実条件

3) 確定条件

4) 恒常的条件

5) 事実的条件

難易度は、こうした文法的特性に基づいて考えることが必要になる。ただ、文法的特性に基づく難易度の考察も、いってみれば主観によるものの一種であるため、コーパスによって何らかのサポートを考えてみたい。

そこで、条件表現の文法的特性の傾向を把握するため、「と・ば・たら・なら」に前接する語の品詞割合をある方法 web で調べると、表3.7ができあがる。

表3.7をみてみると、ほぼ動詞である「と」に対し、「ば」「たら」では動詞の割合が落ちて助動詞の割合が高くなる。否定の「ない」や、丁寧さの「です・ます」の比率が高くなっているわけである。数値的に「ば」と「たら」は近くとも、実際にどのような助動詞が来るかの分布は異なる。この点については、実例を目でみてチェックしていく必要がある。

そして、「なら」の動詞比率は極めて低く、「その他」が86.92％となっており、条件表現4種の中でいかに特殊かがわかる。「なら」の例文を考えてみればわかるように、「なら」には助詞や名詞が前接可能である。こうした「なら」の特殊性が、難易度にどのように関わるかも考慮する必要がある。表3.7はあくまで一例で、導入順序の決定にはコーパスをあらゆる角度から検討する必要があるだろう。

表3.7　条件表現「と・ば・たら・なら」に前接する品詞の割合

条件表現	総　数	動　詞	イ形容詞	助動詞	その他
と	2,287	83.43%	2.54%	13.95%	33.06%
ば	1,963	70.25%	5.55%	23.94%	59.25%
たら	962	77.75%	1.77%	20.17%	44.18%
なら	581	22.03%	1.20%	7.75%	86.92%

第3章　文型とコロケーション　　　53

演習 2
「〜ています」を導入するとき、「電話をかけています」は妥当かコロケーションの観点から検証しよう。

　この課題を解決するには、「〜ている」と「〜をかけている」の両方を検索する必要がある。まず、「かけている」が妥当かを検証し、続いて「電話をかけている」が妥当かを検証するわけである。

　まず、「〜ている」に前接する動詞をある方法 [web] で検索すると、表3.8ができあがる。

　表3.8をみてみると、「掛かる」は10位で「かけている」の頻度が最も高いというわけではない。しかし、1位から9位までの動詞をみてみると、ある傾向 [web] があることに気づかないだろうか。この傾向を明らかにするには、表3.8の数値だけでは不十分で、検索された結果を目視でチェックして分類することが必要であるが、少なくともこの傾向を考慮に入れると、「かけている」が「〜ている」の導入に使われることは妥当であるといってよい。

　続いて、「かけている」を導入するとして、「〜をかけている」に前接する名詞は「電話」が妥当なのだろうか。これについても、ある方法 [web] で検索してみると、表3.9ができあがる。

　表3.9をみてみると、「電話」は3位でかなりの上位ではある。しかし、1位

表3.8　「〜ている」に前接する動詞

順　位	文　型	件　数
1	為る（する）	57,632
2	成る（なる）	14,359
3	見る（みる）	3,686
4	来る（くる）	3,043
5	付く（つく）	1,793
6	遣る（やる）	1,775
7	続ける（つづける）	1,589
8	出来る（できる）	1,152
9	仕舞う（しまう）	1,088
10	掛かる（かかる）	986

表3.9　「〜をかけている」に前接する名詞

順　位	文　型	件　数
1	眼鏡	104
2	迷惑	71
3	電話	64
4	声	64
5	拍車	40
6	サングラス	36
7	期待	30
8	圧力	26
9	金	26
10	時間	25
10	命	25

というわけではなかった。ただ、1位の「眼鏡」と、2位の「迷惑」が「～をかけている」に前接する名詞として典型的であるかというと、意味的な側面から疑問が残る。

演習 1 でも述べたように、頻度が高いということは日常生活で遭遇しやすいという点で重要な観点の一つではあるが、それだけで例文の妥当性は決定されない。なぜなら、日本語教育における例文はある文型の習得を促進するものである必要があるため、その文型における高い典型性が求められるからである。その点からいうと、「眼鏡」や「迷惑」は「～をかけている」における頻度が高くとも、慣用句的な名詞は例文作成という観点からは不適格である。

表3.9において、慣用的なコロケーションであると思われる名詞はどれか、そしてそれはどのように証明すればよいのか考えてみよう。この観点からすれば、表3.9の上位10語はいずれも慣用的な名詞が多く、11位以下をみてみる必要があることもわかるだろう。

発展 1 話し言葉と書き言葉それぞれの特性を踏まえた上で、「ですます体」と「だ・である体」のいずれを初期に導入すべきかコーパスを用いて検証しよう。

発展 2 ある文型を導入するとき、どのような実質語（動詞・イ／ナ形容詞・名詞）が妥当かコロケーションの観点から検証しよう。文型は自由に選んでよい。

-----コラム 1-----

コロケーションとは何か

コロケーションとは、最も広い定義でいえば、「言語表現同士の結びつき」ということになる。つまり、語と語の関係だけではなく、句や節の結びつきや、形態素の組み合わせによる語構成なども含まれる。一方、本章で扱った「文型とコロケーション」という範囲でいえば狭い定義になり、中俣（2014）の「一つの

第3章　文型とコロケーション　　55

文の中で、一緒に用いられることが多い複数の語」(p. 4) ということになる。どちらの定義にせよ、コロケーションの概念を表すキーワードは「結びつき」ということになる。

　コロケーションは、言語学のような基礎的研究に役立つだけでなく、辞書記述や教科書作成のような応用的な利用価値も高い。むしろ、応用的な方面の方が注目されているといえる。ただし、ここで気をつけたいことは、コーパス調査によって得られたコロケーション情報をそのまま辞書記述や教科書作成に使えばよいというものではないということである。機械的に取得したコロケーション情報をそのまま使うのではなく、人の目で見直して修正や調整をおこなうことが欠かせない。まさに本章で扱ったのは、日本語教育という応用的な方面にコロケーション情報を活かすための人手による修正や調整の部分ということになる。人間の主観と、コーパスから得た客観的情報をうまく合わせて活用することが大切である。

┈┈コラム2┈┈

話し言葉コーパスか書き言葉コーパスか

　コーパスを分析するときにはジャンル（BCCWJ ではレジスター）が重要である。さらに、ジャンルにも大きく関係することであるが、そもそも「話し言葉か書き言葉か」というコーパスの特性も重要である。たとえば、日本語教育初級総合教科書の目的は、ほとんどの場合「話すこと」である。したがって、使用するコーパスは話し言葉であることが望ましい。しかし、大規模コーパスの整備状況などから、書き言葉コーパスを使わざるをえない場合もあるだろう。その場合、あくまで書き言葉コーパスで得られた情報であることを念頭に置く必要がある。

　そして、話し言葉のための分析に使用する場合は、BCCWJ の中でも、より話し言葉的な要素を含んだレジスター（「Yahoo! 知恵袋」や「Yahoo! ブログ」など）のデータを用いるというのも一つの方法である。ただし、「Yahoo! 知恵袋」や「Yahoo! ブログ」は、たしかにほかのレジスターに比較すると、くだけており、話し言葉に近い性質を持つ側面もあるが、あくまで書き言葉であるということを忘れてはならない。話し言葉と書き言葉は根本からして性質が異なるのであ

る。

　また、話し言葉コーパスではできないこともある。「めがね／メガネ／眼鏡」や
「バイオリン／ヴァイオリン」といった表記の揺れに関しては、話し言葉コーパ
スでは分析できない。話し言葉コーパスを文字化したものは、あくま
で音声情報の副次物として参考のために記録されたものであることに
注意しておきたい。

参 考 文 献

松岡弘（監修）庵功雄・高梨信乃・中西久実子・山田敏弘（2000）『初級を教える人
　　のための日本語文法ハンドブック』、スリーエーネットワーク
庵功雄（2001）『新しい日本語学入門―ことばのしくみを考える―』、スリーエーネッ
　　トワーク
中俣尚己（2014）『日本語教育のための文法コロケーションハンドブック』、くろしお
　　出版
森篤嗣（2014）「意味判別における文法記述効果の計量化―ナガラ節の意味判別を例
　　として―」、『日本語文法』14(2)、84-100

第4章
学習者話し言葉コーパス分析

中俣尚己

導入 「おいしい！」ということを強調して言うときには、どんな言い方をするか？

　この章では『日中 Skype 会話コーパス』（🔍付録 2.1）というコーパスを利用する。これは、日本の大学に在籍する日本語話者と、中国の大学で日本語を学ぶ中国語話者がテレビ電話アプリの Skype を使って会話したものを録音・文字化したもので、日本語母語話者（以下、母語話者）と中国語を母語とする学習者（以下、学習者）の日本語を対照するのにとても便利なデータである。このコーパスはテキストファイルの集合体なので、「サクラエディタ」（🔍付録 3.1）などのエディタソフトを使って grep 検索をおこなうと用例を取り出すことができる。

　このコーパスにおける母語話者と学習者の語彙の違いで最も顕著なのは副詞である（中俣、2016a）。試しに強調を表す「とても」という副詞を検索してみよう。図 4.1 のスクリーンキャプチャのように、コーパス全体を通して「とても」という語はよく使われていることがわかる。

　だが、それ以外に何か気づくことはないだろうか。実はこのコーパスでは、母語話者の発言はすべて全角の「Ｊ：」で始まり、学習者の発言は全角の「Ｃ：」で始まるというように設計されている。そのことに注目すると、「とても」は学習者の発話のみに集中しているようにみえる。正規表現を使った検索を使って確かめてみると、「＾Ｃ .*? とても」では 148 件、「＾Ｊ .*? とても」では 20 件と大きな差があることがわかった。

```
C：はい。えっと、え、えー、とても人気な食べの、食べ物だ、
：C：いいえ。え、えー、テ、テレ、テレビ〈うん〉の中。〈ああ
C：はい。とても怖いです。
：C：〔笑〕とても。そう。《ポーズ□４秒》●。《ポーズ□３
：C：えーと、そして中国のドラマは、うん、ないです。とても長
C：とても好きです。
あ、あ、混乱しました〔笑〕。〈はい〉つけ、つけると、
：C：うん。《ポーズ□１８秒》ああ、最近、えっと、あー、えー
：舌。うん。《ポーズ□２秒》舌。あ、口の中の器官
：C：〔えー実はきのうの、〈え〉ええ、ええ、とても〈はい、はい
C：それはとてもとてもいい習慣だと思いま、思いました。みん
：〈うん〉うん、それは、えーと、日本人のそうい
：C：〔う、うん。あとで、えーぜひ〈はい〉、えーと、うーん、
：C：ああ。えーと、たぶん、えーと日本の、日本のハスは、中
：うん。うん。し……〉ハス、ハスの〈うん〉ハスの葉
：C：愛知県、知っていますよ。〈はい〉名古屋。ああ、名古屋
：みんなじゃない。えーと、大部分はとても大きいです。〔う
：あ、長沙、長沙を紹介しよ。えーと、長沙は、〈はい〉えー
：C：あの、ちょ、長沙は、〈うん〉●●●●とても大きな町です
：〈うん〉えっと、くも、えーと、く、えー、とてもき、きれい
```

図 4.1 「とても」の検索結果

　では、母語話者は「おいしい」ことを強調することはないということだろうか。そうではない。単に母語話者はほかの語を使って程度を強調しているのだ。一体どんな語を使っているのか、思いついた語を入力して試してみよう。

例 題 1　母語話者と学習者の否定の返答の仕方を調べてみよう。

　疑問文にはイエスかノーで答えられる肯否疑問文と、何らかの情報を提供する必要がある疑問詞疑問文がある。肯否疑問文では、返答の際に肯定か否定かを端的に表す「はい」や「いいえ」といった短い感動詞（応答詞とも呼ばれる）を用いることが多い。では、否定のときはわれわれはどのように返答しているだろうか。簡単にいえば、コンビニで「おはし、おつけしますか？」と聞かれたときにどのように返答するか、ということである。「いいえ」「いえ」「いや」などが思いつくが、どれを選択するだろうか。

■ データ作成の手順

　『日中 Skype 会話コーパス』を「サクラエディタ」の Grep 機能を使って調査する。「いいえ」「いや」はそのまま調査できるが、「いえ」を調べるときはこの

ままでは「いいえ」「そういえば」「いえない」「いえる」も含まれてしまう。この場合、「[^ い] いえ [^ ばなる]」で検索することで、これらを排除できる。とはいえ、それでも予期しないゴミ（不要な表現）が含まれることもあるので、目でみて確認をすることは必要である。

また、学習者と母語話者ごとに数を調べるときは検索文字列の頭に「^ C .*?」「^ J .*?」をつければよい。

さらに、どのような文脈でその否定応答表現が使われているかも確認することが大切である。「サクラエディタ」では Grep 検索の結果画面で文をダブルクリックすれば、元のファイルの該当箇所を見ることができる。

■ 考 察

検索結果をまとめると以下のようになる。「いえいえ」のように連続で使われているものは1回にカウントしている。これらは目視でゴミを除いた数字であるが、何をゴミとするかは主観が混ざるため、調査者によって細かい数値は異なってくるだろう。しかし、傾向は表 4.1 の通りになるはずである。

表 4.1 話者と使用した否定応答表現

	いいえ	いや	いえ
学習者（C：）	32	31	44
母語話者（J：）	4	73	55

この傾向をまとめると、学習者は「いいえ」「いや」「いえ」を満遍なく使っているとことがわかる。一方、母語話者は「いや」を最もよく使い、「いえ」も使うものの「いいえ」はほとんど使わないということがわかる。

しかし、母語話者が「いいえ」を全く使わないのではなく、数が少ないという事実は、「いいえ」が間違った日本語なのではなく、何か特別な、言語学的にいえば「有標的な」否定応答表現であることを意味している可能性がある。これを確かめるために、「いいえ」の4つの例を詳しくみていこう。

(1)　C：あ、大丈夫です ｛笑｝。

J：ありがとうござい ｜いいえ。｜ ます。

(2)　J：[はい、そうですね。やっぱりその状況で全然言い方が違うので、はい。＜うん、うん＞うん、あの、イエス・ノー、はい・<u>いいえ</u>で答えてくれるってことはめったにないので ｜笑｜。

(3)　C：あ、さっき授業から、＜うん＞うーん帰ってきて、●いたら、あ、急いですいません。

　　　J：<u>いいえ</u>。大丈夫です。あ、私はちょっと。

(4)　C：ええ、他、他の１月の授業を増加しています。

　　　J：い、１月って、その、あれ、あの、１２月、１月、２月の１月ですか？

　　　－－－－（中略）－－－－

　　　C：あ、ああ、《ポーズ　４秒》ああ、あの、ちょっと＜うん＞、《ポーズ　９秒》うん。

　　　J：《ポーズ　４秒》ちょっと、説明難しそうですか？

　　　C：｜笑｜ああ、私の日本語は。

　　　J：あ、<u>いいえ</u>。

　　　C：まあ ｜笑｜ とても下手ですね ｜笑｜

　　　J：いえ、いえ、いえ。え、課題が出てるっていうことですか？

　まず、（1）は「いいえ」が ｜｜ でくくられているが、これは相手が打ったあいづちである。つまり、母語話者の発言ではない。また、（2）は否定応答をしたのではなく、「「いいえ」という言葉」という意味のメタ表現である。よって、残りの（3）と（4）が母語話者が実際に否定応答として使った「いいえ」ということになる。この２つには何か特徴があるだろうか。

　（3）と（4）の共通点は疑問文に対する返答ではないということである。さらにもう少し観察すると、（3）の「いいえ」の直前では相手の学習者が「すいません」と謝っている。（4）では直前ではないが、相手がうまく日本語で説明できないことについて恐縮しているシーンである（このJは、「私の日本語は」という部分だけを聞いて、相手が何を言おうとしているかを察して、すぐにそれを否定したのであろう）。つまり、相手が自分の立場を低める行為、FTAをお

こなった後に「いいえ」が発話されており、母語話者の「いいえ」はFTA補償のために用いられているということである。

　念のために、学習者の「いいえ」も確認しておこう。

(5)　　J：中国でもお花見があるんですか。
　　　　C：い、<u>いいえ</u>。[ありません。

　この例はいかにも教科書的な、肯否疑問文に対する返答である。学習者の「いいえ」は疑問文に対する返答が多いことがわかる。

　結果をまとめると、母語話者は「いいえ」を相手の謝罪の後にのみ用いるが、学習者は疑問文に対する返答として用いているということが明らかになった。

■ 解　説

1.　内省は信用できない　　筆者がこのテーマについて関心を持ったのは、ある研究者が作成した文法性判断のアンケートにおいて、「いいえ、食べられません。」のような文が使われていたためである。筆者は「このような文は教科書の中にはよく出てくるが、現実には使わない。よって、判断がしにくい」と文句をつけたのであるが、その研究者は「いや、「いいえ」は母語話者も自然に使っていますよ！」と主張を曲げなかった。そこでコーパスで白黒をつけようということになって、調査した結果、母語話者と学習者の顕著な違いが浮かび上がったというわけである。

　「そういう言い方を実際にするか否か」を確かめるにはコーパスによる検証が最も手っ取り早い方法であろう。コーパスを使わなければ水掛け論になる可能性が高い。後日談としてこんなエピソードがある。日本語の教員ではない成人の母語話者を対象に、「日本人は会話では、「いいえ」と「いえ」のどちらかをよく使っていることがわかりました。さて、どちらでしょう？」というクイズをしたところ、答えが真っ二つに割れたことがあった。このとき、「いいえ」をよく使うと回答した人は、「自分は実際には「いいえ」を使っていないのに、「いいえ」をよく使うと思い込んでいる」ということになる。「よく使うか」どうかということについて、内省はまずアテにならないといってよいであろう（McEnery & Hardie, 2011）。

ただし、このことは「その文が文法的か否か」という判断とは異なることには注意が必要である。文法研究では「文法的か否か」だけを問題にすることも多い。しかし、日本語教育においては学習者が実際に使う機会のある場面や表現を用意することも重要である。

2. 母語話者の会話コーパスに出現した「いいえ」　前のセクションでは母語話者は「いいえ」を相手の謝罪の後にのみ用いるとしたが、『日中 Skype 会話コーパス』における 2 例のみであり、これだけで結論づけるのはやや危険である。そこで、より大規模な母語話者の会話コーパスでも検証してみよう。

　コーパス検索ウェブアプリケーション「中納言」（🔍付録 4.1）を使うと、『名大会話コーパス』（🔍付録 2.1）という大規模な母語話者のコーパスを検索することができる。短単位検索モードで書字形出現形に「いいえ」「いや」「いえ」を入れて検索すると、「いいえ」26 件、「いや」2,005 件、「いえ」338 件となり、「いや」が最もよく用いられていること、「いいえ」はかなり限られた数しかみられないことがわかる。また、「いいえ」の例をみると一部には（6）のような疑問文に対する返答があることがわかる。なお、「中納言」を使うと話者記号が表示されないため、以下の例では『名大会話コーパス』の元データから例を引用している。

（6）　F098：あ、それで使えました？
　　　M017：<u>いいえ</u>、使えません。

しかし、大部分は（7）や（8）のように前に「ありがとう」や「すみません」といった表現がきている。つまり、かしこまった相手に対して、「いいえ、そんなに恐縮する必要はないですよ」ということを伝えるために「いいえ」が使われるのが大半であるということを強力に支持する結果が得られたのである。

（7）　F130：あ、そうですね。（うんうんうん）あ、ありがとう。ごめんね、
　　　　　　難しくて。
　　　F109：<u>いいえ</u>。
（8）　F057：もうこっちのもの。＜笑い＞（＜笑い＞）ありがとう。
　　　F121：<u>いいえ</u>。

F057：今日はほんとうにこれ助かった。

　さらに、「中納言」で『多言語母語の日本語学習者横断コーパス』（I-JAS）（🔍付録 2.1）を検索することで、学習者と母語話者を比較することができる。「いいえ」は対話で出現すると考えられるので、第一次データの対話データすべてを対象に、「書字形出現形＝いいえ」で検索すると 248 件がヒットするが、このうち母語話者の例は 1 件のみである。ここからも学習者は疑問文の応答に「いいえ」を使用し、母語話者は「いいえ」を使用しないということが裏づけられる。なお、その 1 例は以下の通りであり、疑問文への返答ではなく、FTA 補償行為として使われている。

（9）　C：はい、あの J J さん、今日は参加してくださいまして本当にありが
　　　　　とうございましたー
　　　K：<u>いいえ</u>

3.　なぜ学習者は会話で「いいえ」を使ってしまうのか　　母語話者は会話ではほとんど「いいえ」を使わない。それなのになぜ、学習者は疑問文に対する返答で「いいえ」を多用するのであろうか。
　シンプルな回答は、教科書にそう書いてあるから、である。これについては小早川（2006）が教科書に出現する否定応答表現と、それ以前のコーパスに基づく研究成果を比較し、自然会話では「問いに対する否定応答」には「いいえ」はあまり用いられないにもかかわらず、教科書では 69.8％ が否定に対する応答になっていることを明らかにしている。教科書からのインプットが偏っているため、学習者は「いいえ」を問いに対する答えであると思い込んで使ってしまうと考えられる。とはいえ、この論文は 2006 年のものである。読者のみなさんにはぜひ一度、日本語教科書を手にとって、応答表現がどのように使われているかを確かめてほしい。近年作られた教科書では『まるごと　日本のことばと文化　入門（A1）かつどう』のように「ありがとう」「すみません」に対する応答として「いいえ」が導入されているものもある。
　では、母語話者の半数近くが「いいえ」を使うと答えたのはなぜだろうか。読者のみなさんも「いいえ」の使用がこれほどまでに少なく、使用場面がこれ

ほどまでに限定されているということは知らなかったのではないだろうか（も
し、この本を読む前に知っていたらあなたは天才である！　ぜひ言語学者にな
ってほしい）。母語話者の場合には、教科書の影響は考えられない。

　このことの原因として一つ考えられるのは書き言葉では「いいえ」がよく使
われるということである。たとえば、アンケートなどでは、

> タバコを1日に10本以上吸いますか？
> 〈はい・いいえ〉

というような表記がよくみられる。これがもし〈はい・いえ〉という回答欄だ
ったとしたらかなり不自然ではないだろうか。つまり、「はい」の反対語は「い
いえ」であるという意識が母語話者には非常に根強くあると考えられる。また、
このような選択肢はアンケートのみならず、PCのソフトウェアなどでも非常
によくみられるものである。このことを踏まえると、音声ではなく文字におい
ては「いいえ」のインプットは非常に多いと考えられるのである。この文字に
よるインプットが、会話でも「いいえ」を使っているような意識を生み出し、
その意識は教科書の例文に影響を与え、ひいては学習者の誤解につながったと
いえるのである。

　「いいえ」の働きは書き言葉と話し言葉で大きく異なっており、これまではその
ことが見過ごされてきたといえる。機能の違いは表4.2のようにまとめられる。

表4.2　書き言葉と話し言葉における「いいえ」の機能

書き言葉	話し言葉
• 無標の否定応答表現 • あらゆる否定に使える	• 有標の否定応答表現 • 相手の感謝や謝罪に対応して, とりなすために用いられる

　このような違いは、データをみれば十分に納得できるものであるが、内省で
はなかなか気づきにくいものである。筆者も日本語の研究と教育に10年以上携
わってきたが、「いいえ」は実際の会話では使わないのではないか、と疑念を抱
いたのはとある研究者が作った例文をみたときが初めてである。このような研
究のきっかけは日常生活のどこに転がっているかわからない。重要なのは、「あ

第4章　学習者話し言葉コーパス分析　　65

れ？」と思ったことをすぐにコーパスで調べてみるという行動力である。

例題 2　母語話者と学習者の縮約形「チャウ」の使用を調べてみよう。

　例題1では母語話者の自然な会話と、日本語教科書でズレがみられる点について検証した。そのような表現として、ほかには縮約形が存在する。縮約形とは「食べてしまう」が話し言葉で「食べちゃう」と変化するような現象である。「チャウ」は会話では多用されるが、レポートを書くときなどは使われない、くだけた表現である。果たして、接触場面会話コーパスには「チャウ」はみられるのだろうか。

■ データ作成の手順

　『日中 Skype 会話コーパス』を「サクラエディタ」の Grep 機能を使って調査する。「ちゃう」を検索すると、31件ヒットし、1件が学習者、残りはすべて母語話者であった。しかしこの結果から、学習者は「チャウ」を十分に習得していない、と結論するのは早計である。

　日本語を正規表現を使って文字列検索する場合、活用や音の変化について十分に留意する必要がある。「チャウ」は「テシマウ」の縮約形であり、「シマウ」は補助動詞であるから、実際には「ちゃわ（ない）」「ちゃい（ます）」「ちゃえ（ば）」「ちゃお（う）」「ちゃっ（た）」のように活用する。また、「食べる」の場合は「食べてしまう」から「食べちゃう」のように縮約されるが、ガ行、ナ行、マ行の五段活用動詞の場合は元の形が「脱いでしまう」「死んでしまう」「読んでしまう」のように、「て」が異形態「で」となる。これを受けて、縮約形も「脱いじゃう」「死んじゃう」「読んじゃう」のようになる。つまり、前の部分の異形態のバリエーションと後ろの部分の活用のバリエーションをすべて考慮しなければ、「チャウ」を検索したことにはならない。

　これは一見大変面倒なようであるが、以下のような正規表現ですべてを検索することができる。

66　　　　　第 4 章　学習者話し言葉コーパス分析

[じち] ゃ [わいうえおっ]

　この検索条件では 167 件ヒットし、学習者の用例も母語話者の用例も存在することがわかる。ただし、この中には「ちっちゃいカニ」のようなゴミも混ざっている。よって、以下では辞書形「ちゃう」、タ形「ちゃった」、テ形「ちゃって」、マス形「ちゃいます」の 4 つの形について、学習者と母語話者の使用をみてみよう。また、比較として、縮約しない形もみてみたい。それぞれの検索条件は以下の通りである。

- 学習者・縮約形：辞書形　　＾ C .*[じち] ゃう
　　　　　　　　　タ　形　　＾ C .*[じち] ゃった
　　　　　　　　　テ　形　　＾ C .*[じち] ゃって
　　　　　　　　　マス形　　＾ C .*[じち] ゃいま
- 学習者・非縮約形：辞書形　　＾ C .*[てで] しまう
　　　　　　　　　　タ　形　　＾ C .*[てで] しまった
　　　　　　　　　　テ　形　　＾ C .*[てで] しまって
　　　　　　　　　　マス形　　＾ C .*[てで] しまいま
- 母語話者・縮約形：辞書形　　＾ J .*[じち] ゃう
　　　　　　　　　　タ　形　　＾ J .*[じち] ゃった
　　　　　　　　　　テ　形　　＾ J .*[じち] ゃって
　　　　　　　　　　マス形　　＾ J .*[じち] ゃいま
- 母語話者・非縮約形：辞書形　　＾ J .*[てで] しまう
　　　　　　　　　　　タ　形　　＾ J .*[てで] しまった
　　　　　　　　　　　テ　形　　＾ J .*[てで] しまって
　　　　　　　　　　　マス形　　＾ J .*[てで] しまいま

■ 考　察

　検索結果をまとめると表 4.3 のようになる。学習者は「チャウ」を非常に限られた形で使用していることがわかる。まず、「ちゃった」という形が非常に多い。さらに、マス形の 7 例はすべて（10）のように「てしまいました」という形であり、学習者は基本的に「チャッタ」という過去形でのみ「チャウ」を使

第4章　学習者話し言葉コーパス分析　　　*67*

表4.3　『日中 Skype 会話コーパス』にみられる「チャウ」

	学習者		母語話者		合　計
	縮約形	非縮約形	縮約形	非縮約形	
辞書形	1	2	30	18	51
タ　形	31	1	26	12	70
テ　形	2	0	8	9	19
マス形	0	7	25	6	38
合　計	34	10	89	45	178

テ形には「ちゃってた」や「ちゃっても」は含めていない。マス
形には「てしまいました」などのマスの活用をすべて含めている。

っているといえる。

(10)　C：はーい。私、せ、あの、先週＜はい＞ずっとテストの準備してい
　　　　て、本当に疲れてしまいました。

　おそらく学習者の中間言語文法には「くだけた形＝ちゃった、丁寧な形＝て
しまいました」という体系が存在しているのであろうと推測される。実際には
「てしまった」「ちゃいました」という形もあり、これらの形は母語話者にはみ
られるのであるが、学習者にはほとんどみられない。

(11)　J：はい。でもなん、なんでしょうね、あの。こう、そ、日本の＜あ
　　　　あ＞山、どんどんその杉の木に変えてしまったんですよね。

(12)　J：J：でも、ちょっと勉強のほうが忙しくなったので＜はい＞、や
　　　　めちゃいました。

　母語話者も縮約形と非縮約形を比べると、縮約形の使用が多い。この会話は
接触場面であり、学習者のレベルに合わせて調整をしているので、母語話者どう
しの会話ではさらに縮約形が多くなる。『名大会話コーパス』を「[てで] しま
[わいうえおっ]」と「[ちじ] ゃ [わいうえおっ]」で検索すると、ゴミを除
去する前ではあるが、非縮約形が188件、縮約形が3,173件ヒットし、圧倒的
に縮約形が使われていることがわかった。また、母語話者が学習者と異なるの
は、タ形以外の用例もみられることである。

(13)　J：気を付けないと、ちょっと熱中症に<u>なっちゃいます</u>よね。
(14)　C：どうして恋人がありませんか？
　　　J：なんででしょうかね ｛笑｝ え、多分ここ女子大なんで ｛笑｝
　　　C：うーん。私もいません。
　　　J：｛笑｝ なんか。
　　　C：え。
　　　J：みんな友達に<u>なっちゃう</u>んですよ。

　まとめると、学習者はそもそも「てしまう」をタ形でのみ多用し、その中でも「ちゃった」という縮約形を多用していることがわかった。

■ 解　説

1.　なぜ「ちゃった」の方がよく使われるのか　　この調査結果が興味深いのは、一見「チャウ＋タ」のように複合的で複雑な形態と考えられる「ちゃった」の方が学習者によく使われているという事実である。さらに、非縮約形においても「てしまった」という複合的な形の方が「てしまう」よりも多用されている。

　これは学習者が「ちゃった」および「てしまった」をひとまとまりの語であると解釈しているからであると考えられる。このような「まとまり」を心理学の用語ではチャンク（chunk）と呼ぶ。日本語においてチャンクのわかりやすい例は義務を表す「なければならない」であろう。これは学校文法に従えば「なけれ（助動詞の仮定形）／ば（接続助詞）／なら（動詞の未然形）／ない（助動詞）」の4語に分割される。構造的には「否定＋条件＋[動詞]＋否定」（山田、2004）という形の複雑な構文であるが、母語話者はそのような複雑な内部構造について意識することはなく、1つの「かたまり」としてとらえていると考えられる。これと同様に、「ちゃった」「てしまった」もある単一の機能を担うチャンクとしてとらえられているのであろう。

　また、活用という考え方に慣れ親しむと、どうしても「書いて」や「書いた」のような屈折形は基本形の「書く」から二次的に作り出されたというように考えがちである。しかし、文法的にそのように説明できるからといって、実際にヒトの記憶がそのようになっているとは限らない。Langacker（1987）はこの

ことを「ルール／リストの誤謬」（rule/list fallacy）と呼ぶ。ルールで導き出せる形態はリストから除かねばならないと考えるのは誤りであるということである。高頻度の屈折形はそのまま記憶に保存されているという報告もある（Stemberger & MacWhinney, 1988）。また、日本語でも小西（2011）は伝聞を表す「そうだ」と「そうです」の分布について、必ずしもテクストの丁寧体率とは一致せず、また終助詞との共起に違いがみられることを報告している。

2.「テシマウ」の機能　ところで、「テシマウ」の機能とは何だろうか。どのようなときにわれわれは「テシマウ」を使うのであろうか。たとえば、日本語教師向けの解説書である庵ほか（2000）では「この宿題は簡単だったから、1時間でやってしまった」のような「完了」と「父の花瓶を落として割ってしまった」のような「後悔」の意味があるとされている。『みんなの日本語 初級II 教え方の手引き』などでも「完了」「遺憾」のように2つに区分することが踏襲されている。

では、ここでもう一度コーパスにみられた数々の用例をみてみよう。どちらの例が多いだろうか。以下では2つの例文のみをあげるが、読者のみなさんにはぜひコーパスの用例で確認してほしい。

(15)　J：そういうことね。あ、ふうん。そうなん、ああ、ごめんね。<u>勘違いしちゃった</u>。

(16)　J：ああ、お花見はもう終わって、今はもう、あの、桜が<u>散ってしまったので</u>、終わってるんですけど、だいたい4月ぐらいにみんなお花見をしますね。

そのほとんどが、「後悔」「遺憾」の例であることがわかる。(16)のような例は「完了」と解釈できなくもないが、やはり桜が散ったことを残念に思う気持ちがあるのではないだろうか。その証拠に「桜が咲いてしまったので、花見をします」という文は非常に不自然に聞こえる。

近藤（2016）は「テシマッタ」は「望ましくない」「実現の可能性が低い」といった「事態は想定と異なる」という評価的態度を表すマーカーであり、純粋に完了の意味だけを表すことはないと報告している。近藤（2016）は「テシマ

ッタ」という形だけを対象にしているが、「テシマウ」全体に対象を広げても、やはり「予想外」とか「望ましくない」という評価的態度を表す機能を持っているように思われる。

(17)　C：うんうん。中国の田舎で、あー、アヒルを、あ、飼う、＜うんうん＞えーと、ファミリー、えーと、いし、ファミリー、えーと。
　　　 J：家で大丈夫ですよ。
　　　 C：あ、あ、あ、家が多いですよ。
　　　 J：多いんですか。
　　　 C：うんうん。＜へえ＞以前は子ども時代のとき、＜はい＞よく見られたけど、今は＜うん＞だいたい、えっと、あんまり、見られません。
　　　 J：うん、そのアヒルは飼って、<u>食べちゃう</u>、<u>食べちゃう</u>んですか。
　　　 C：うん、うん。＜えー＞うん、自分で飼って、＜はい＞自分で食べる。
(18)　C：私は、＜はい＞えーと、や、夏休みが終わったら3年生になる、<u>なってしまう</u>。
　　　 J：｜笑｜、なってしまうんですか。
　　　 C：もうやだ。｜笑｜年を取った。ほんとに。

　(17) はアヒルを飼って食べるということに対して「信じられない」あるいは「嫌だ」という気持ちを表している場面であり、(18) は明らかに、学年が上がることに対して「望ましくない」という気持ちを表している場面である。

　「テシマウ」がこのような機能の偏りを持つということは学習者が「ちゃった」「てしまった」を多用するということの説明につながる。つまり、これから起こるであろう「望ましくないこと」について語るよりも、すでに起こった「望ましくないこと」について語ることの方がより身近で定着しやすいと考えられるからである。さらに、中国での文法の授業で説明に「後悔」や「遺憾」といった用語が使われれば、その使用はより「ちゃった」「てしまった」に偏るだろう。これらは基本的にすでに起こったことに対して使われるからである。

　ただし、ル形で使われた (18) のような例もあり、この学習者は「テシマウ」

の「望ましくない」という評価的態度を表すという機能をきちんと習得しているといえる。逆にいえば、母語話者も使わず、学習者も使わない、「この宿題は簡単だったから、1時間でやってしまった」のような文を使って、「テシマウ」の「完了」の機能を習得させようとするのは時間の無駄以外の何物でもない。

なお、「テシマウ」には「今日中にやってしまおう」というような用法もある。これはそのことを望ましいととらえているわけなので、マイナスの評価的態度を表しているとは認めがたい。このような場合は「完了」の機能を持っているといえるだろう。庵ほか（2000）でも「てしまおう」は完了の機能に偏るとしている。しかし、1での議論を踏まえると、この「完了」の機能は「てしまおう」という形態のみが個別に持っているという可能性も存在する。

3. 複数の機能を持つ語　2での議論からわかることは、複数の機能を持つ語があったとしても、どれも同じ頻度で使われるとは限らないということである。たとえば、森（2014）は「ながら」には同時進行の機能（音楽をききながら、勉強する）と逆接の機能（やると言いながら、結局やらない）があるが、同時進行の例の方が多いこと、逆接の場合には前接語に特徴があることを指摘している。また、助動詞の「(ら) れる」には「受身・可能・尊敬・自発」の4機能があることはよく知られているが、その割合は同じではない。書き言葉においては実に90%近くが受身である（中俣、2014）。

さらに、前後にどのような語がくるかで、偏る機能が決まることもある。進行の「ている」（鳥が飛んでいる）と結果の「ている」（財布が落ちている）については全体の割合は拮抗しているが、前接動詞を考慮すれば、ほとんどの動詞において、90%以上の割合で、いずれかの意味に偏ることを中俣（2016b）は主張している。言語学者はよく2つの解釈を持つ文を作るが、コンテクストやコロケーションを考慮することで、ほとんどの場合、曖昧さを生じなくなるとTaylor（2012）は主張している。

こういった頻度の違いを加味した文法記述が、特に教育目的では重要となると考えられる。

72　　第4章　学習者話し言葉コーパス分析

演習1　日中 Skype 会話コーパスから、肯定の応答表現を検索してみよう。また、実際の日本語教科書と比較してみよう。

　肯定の応答表現として「はい」「ええ」「うん」を検索した。あいづちのものを除くため、後ろに「、」か「。」があるものを検索した（表4.4）。

　表4.5はいくつかの教科書の最初に出現する肯定／否定表現である。ただし、書名は伏せた。ぜひ自分の目で確認してほしい。

表4.4　『日中 Skype 会話コーパス』に出現する肯定応答表現

	学習者	母語話者
はい	1,598	1,299
うん	3,123	2,313
ええ	246	34

表4.5　日本語教科書の最初の課に登場する応答表現

教科書 A	教科書 B	教科書 C	教科書 D
はい いいえ	はい いいえ	はい いいえ	はい いいえ

教科書 E	教科書 F	教科書 G	教科書 H
ええ いいえ	はい・ええ いいえ	ええ・はい いいえ	はい いえ

演習2　日中 Skype 会話コーパスから、ほかの縮約形と対応する非縮約形を検索し、どちらがよく使われているか確認してみよう。縮約形についてはコラム3も参照してほしい。

　一例として、「テイル」と「テル」の対立をみる。**例題2**にならい、辞書形「ている／てる」、マス形「ています／てます」、タ形「ていた／てた」、テ形「ていて／てて」について正規表現で検索し、学習者と母語話者の試用をまとめると、表4.6のようになる。

　「チャウ」のときとは異なる傾向になった。学習者はどの活用形においても縮約形をあまり使わず非縮約形を多用している。一方、母語話者はどの活用形に

第4章　学習者話し言葉コーパス分析　　　　*73*

表 4.6　『日中 Skype 会話コーパス』にみられる「テイル」

	学習者		母語話者		合　計
	縮約形	非縮約形	縮約形	非縮約形	
辞書形	40	112	370	117	639
タ　形	4	19	59	27	109
テ　形	5	9	47	20	81
マス形	56	282	287	69	684
合　計	95	422	763	233	1,513

おいても縮約形を多用している。ただし、活用形によって若干の差はあるようである。学習者は辞書形においてはやや縮約形を選択する割合が高く、マス形では低い。母語話者はマス形でよく縮約形を用いている。

　補助動詞以外の例として、「すみません／すいません」をみると表 4.7 のようになる。母語話者の方が縮約形の「すいません」を多く使っている。

表 4.7　『日中 Skype 会話コーパス』にみられる「すみません」と「すいません」

	学習者	母語話者	合　計
すみません	56	42	98
すいません	43	70	113
合　計	99	112	211

発展 1　中俣（2016a）では『日中 Skype 会話コーパス』では、副詞に大きな差がみられることを報告している。何か 1 つ副詞を選び、学習者と母語話者の使い方を比較してみよう。

発展 2　学習者の話し言葉コーパスには、OPI と呼ばれる会話テストを文字化したものがある（『KY コーパス』、『日本語学習者会話データベース』→ 🔎付録 2.1）。これらのテストの会話と『日中 Skype 会話コーパス』のような自然な会話では、どのような違いがあるか調べてみよう。

····・コラム 1 ·····・

フェイス、FTA、FTA 補償行為

「さっさとしろ！」という言い方と「申し訳ありませんが、急いでいただけないでしょうか」という言い方では、伝達する内容は同じだが、ずいぶん印象が異なる。後者の方がより「丁寧」「やわらかい」と感じられるのではないだろうか。この「丁寧さ」のことを Brown & Levinson（1987）は「ポライトネス（politeness）」と呼んだ。以降、人間はどのようにしてこのポライトネスを表現するのかという「ポライトネス・ストラテジー（politeness strategy）」が語用論などの分野で盛んに研究されている。

ポライトネスの研究の基盤になるのはフェイスという概念である。フェイスとは英語で「顔」の意味であるが、ここでは「面子」というような意味で使われている。Brown & Levinson（1987）によれば、人間は「自分の言動を他者に認めてもらいたい」というポジティブ・フェイスと「自分の言動を他者に縛られたくない」というネガティブ・フェイスの２つの側面を持つ。

一方で、人間の言語行動のいくつかは、相手のフェイスを侵害するような性質を持つ。たとえば、依頼は相手がそれを受け入れた場合、相手の時間を奪うことになるので、相手の「他者に束縛されたくない」というネガティブ・フェイスを侵害する。他方、依頼を断ることは相手の「自分の言動を認めてほしい」というポジティブ・フェイスを侵害する。このような相手のフェイスを侵害する行為のことを「フェイス侵害行為」（face threatening act；FTA）と呼ぶ。このようなときは「悪いんだけど」「言いにくいんだけど」のような前置き表現を使うなど、何らかの形で配慮を示すことが多い。これのような行為のことを「FTA 補償行為」と呼ぶ。

また、感謝や謝罪というのはむしろ自分のフェイスを傷つける行為である。感謝とは相手に「借り」を作ったという意味で相手からの束縛を受けることにつながるし、謝罪は「他人に認めてもらいたい」という気持ちとは反対の行為である。このように自ら自身のフェイスを傷つけるような行為をした相手に対して、「いやいや、大したことではないですよ」「感謝をするようなことではないですよ」というように FTA 補償行為がおこなわれることも多い。ほかにも褒められたときに、「そんなことないよ」と謙遜してみせるのも、フェイスのバランスをとるた

めの行為である。

　例題 1 でわかったことは、母語話者の「いいえ」は単なる否定ではなく、謝罪や感謝といった自分に対する FTA をおこなった相手のフェイスを補償するために使用されているという事実である。

　Brown & Levinson（1987）のポライトネス理論に関しては日本語訳された『ポライトネス─言語使用における、ある普遍現象─』を読めば詳しく知ることができる。また、より読みやすい入門書として滝浦（2008）がある。

----・コラム 2・----

チャンク、マジカルナンバー 7 ± 2

　チャンクとはもともと心理学の分野で提唱された概念である。Miller（1956）は、人間が一瞬聞いただけで覚えられる「もの」の個数はだいたい 7 つであり、個人によって− 2 から＋ 2 までの変動があると主張した。この 7 つというものの単位がチャンクである。

　たとえば文字を単位とすると、以下の 10 個の文字は一瞬みただけでは覚えることは困難だろう。

　「バ・ン・マ・ロ・マ・ア・サ・ジ・バ・グ」

　しかし、以下のように情報のまとまりを作ればどうだろうか。

　「サ・バ／マ・グ・ロ／ア・ジ／サ・ン・マ」

　これならば苦もなく記憶できるという人が多いだろう。むしろ、あと 2 つか 3 つ魚の名前を足しても大丈夫だという人もいるだろう。

　上と下で変わったのは情報の切り方である。上ではチャンクが 10 になるが、下ではチャンクが 4 つになる。よって、マジカルナンバーの中に収まり、瞬時に記憶できるようになったのである。

　余談であるが、昔の電話番号は市内は 7 桁であることが多かったので、電話をかけるまでの間は、何となく記憶に保持することができた。今の携帯電話は 11 桁が多く、最初の 070 などの部分をチャンク化したとしてもチャンクは 9 つとなり、記憶の負担は大きい。ただし、「1371」を「意味ない」のように語呂合わ

せにすることができれば、それだけでチャンクの数は減る。数字の語呂合わせは、チャンク化をおこなうことで、記憶の負担を減らす方法であるといえるだろう。

コラム 3

縮約

　例題 2 で扱った縮約とは、話し言葉において、音が脱落したり、複数の音が融合して発音される現象のことである（山田、2007）。

　動詞＋「て」＋動詞という構造をもつ補助動詞ではよく縮約が起こる。
- している（/site̲iru/）　→　してる（/siteru/）
- しておく（/site̲oku/）　→　しとく（/sitoku/）

また、縮約の形は 1 通りではなく、複数のバリエーションがあることもある。「してしまう」の最も典型的な縮約形は「しちゃう」であるが、よりぞんざいな形として「しちまう」があり、関西方言では「してまう」が使われる。
- してしまう（/site̲shimau/）　→　しちまう（/sici̲mau/）　→　しちゃう（/sicau/）
- してしまう（/site̲shimau/）　→　してまう（/sitemau/）

もちろん、補助動詞以外でも縮約は頻繁に起こる。
- わたし（/w̲atasi/）　→　あたし（/atasi/）
- のです（/no̲desu/）　→　んです（/Ndesu/）
- なくては（/naku̲tewa/）　→　なくちゃ（/nakuca/）
- すみません（/su̲mimaseN/）　→　すいません（/suimaseN/）

　重要なのは、縮約とは話し言葉で起きる発音上の現象であるということである。よって、公的な目的を持った書き言葉で縮約形を使うと場をわきまえていないというイメージを持たれやすい。「すいません」は混雑した料理店で店員を呼ぶときに用いる分には何の問題もないが、メールできちんとした依頼をおこなうときに用いるのは不適切である。

参 考 文 献

庵功雄・高梨信乃・中西久実子・山田敏弘、松岡弘（監修）（2000）『初級を教える人のための日本語文法ハンドブック』、スリーエーネットワーク

国際交流基金（2013）『まるごと 日本のことばと文化 入門（A1）かつどう』、三修社

小西円（2011）「使用傾向を記述する—伝聞の［ソウダ］を例に—」、森篤嗣・庵功雄（編）『日本語教育文法のための多様なアプローチ』、ひつじ書房、159-181

小早川麻衣子（2006）「初級日本語教科書に現れた応答詞—「いいえ」系応答詞の提示にみる問題点—」、『日本語教育』130、110-119

近藤優美子（2016）「テシマッタの使用制約—なぜ「目的地に到着してしまいました」とカーナビは言わないのか—」、『日本語教育』164、50-63

スリーエーネットワーク（2001）『みんなの日本語初級 II 教え方の手引き』、スリーエーネットワーク

滝浦真人（2008）『ポライトネス入門』、研究社

中俣尚己（2014）『日本語教育のための文法コロケーションハンドブック』、くろしお出版

中俣尚己（2016a）「学習者と母語話者の使用語彙の違い—『日中 Skype 会話コーパス』を用いて—」、『日本語／日本語教育研究』7、21-34

中俣尚己（2016b）「「ている」の意味分類と生産性」、『計量国語学』30(7)、417-426

森篤嗣（2014）「意味判別における文法記述効果の計量化—ナガラ節の意味判別を例として—」、『日本語文法』14(2)、84-100

山田敏弘（2004）『国語教師が知っておきたい日本語文法』、くろしお出版

山田敏弘（2007）『国語教師が知っておきたい日本語音声・音声言語』、くろしお出版

Brown, Penelope & Levinson, Stephen C. (1987) *Politeness: Some Universals in Language Usage*, Cambridge: Cambridge University Press［田中典子（監訳）（2011）『ポライトネス—言語使用における、ある普遍現象—』、研究社］.

Langacker, Ronald W. (1987) *Foundation of Cognitive Grammar Volume I Theoretical Prerequisites*, Stanford: Stanford University Press.

McEnery, T. & Hardie, A. (2011) *Corpus Linguistics: Method, Theory and Practice*, Cambridge: Cambridge University Press［石川慎一郎（訳）（2014）『概説コーパス言語学—手法・理論・実践—』、ひつじ書房］.

Miller, George A. (1956) The magical number seven, plus or minus two: Some limits on our capacity for processing information. *Psychological Review*, **63**, 81-97.

Stemberger, Joseph P. & MacWhinney B. (1988) Are Inflected Forms Stored in the

Lexicon?. In M. Hammond and N. Nooman (eds.), *Theoritical Morphology*, New York: Academic Press, 101-116.

Taylor, John R. (2012) *The Mental Corpus: How Language Is Represented in the Mind*, Oxford: Oxford University Press［西村義樹・平沢慎也・長谷川明香・大堀壽夫（編訳）（2017）『メンタル・コーパス—母語話者の頭の中には何があるのか—』、くろしお出版］.

第5章
学習者書き言葉コーパス分析

奥野由紀子

導入 変化を示すグラフを説明する際の動詞の使い方に母語話者と非母語話者で違いがあるかどうかを調べてみよう。

　従来の学習者書き言葉コーパスは、1人の人物による1つの作文を収集したものであり、作文の難易度や作文の課題達成度がわからないものが多かったが、それらの問題点を踏まえて作成されたものが、『YNU書き言葉コーパス』（YNUコーパス）（🔍付録2.1）である。同一の学習者に対し、状況や難易度の異なる12種類の真正性の高い「書く」タスクを実施し、収集したものであり、1080編の作文が本冊『日本語教育のための書き言葉コーパス』（金澤編、2014）の付録CD-ROMに収められている。日本語母語話者30名、非母語話者60名（韓国語母語話者・中国語母語話者各30名）の作文が収録されており、同世代の母語話者との比較ができる。また、非母語話者の作文は、タスクの達成度の評価によって「上位群（10名）」「中位群（10名）」「下位群（10名）」に分けられている。このように、YNUコーパスは「レベル別」「タスク別」「母語別」という特徴があり、レベルごと、タスクごと、母語ごとの比較が可能となる点で非常に使いやすいコーパスである。また、作文は手書きで収集されており、学習者の手書き資料にできるだけ忠実な「オリジナルデータ」と、検索しやすいように語彙・文法などの分析をおこないやすくするための「補正データ」の2種類が用意されている。学習者の漢字表記などをみたい場合には「オリジナルデータ」をみるとよいだろう（なお、本章で提示する作文は「オリジナルデータ」からのものであり、誤字・脱字がある場合がある）。タスクは親疎や機能、読み手が

特定の人物や対象か否か、文章が長いか短いかにより選ばれており、面識のない先生へのメールや友達への携帯メール、新聞投書、グラフ描写のレポートなどがある。本章ではYNUコーパスのタスク3（レポート）、タスク8（友達との携帯メールのやりとり）、タスク5（後輩への励ましの手紙）を用いる。

ではさっそく、YNUコーパスの**タスク3**をみてみよう。

【タスク3】

　あなたはデジタルカメラの普及についてのレポートを書きましたが、先生にA社についてのグラフ（図5.1）の説明を加えるように言われました。下記の文に続けて、このグラフの内容を説明する文章を書いてください。

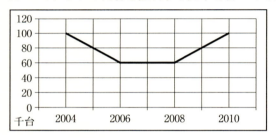

図5.1　A社のデジタルカメラの販売台数
出典：カメラ映像機器協会（2011）

　図5.1は、A社のデジタルカメラの販売台数についてのグラフである。

このタスクを達成するためには、具体的な数値やその変化を示しながらグラフの推移を適切に説明する必要がある。では、変化を示す際の基本的な動詞である「増加」「減少」「増える」「減る」の使用数に、日本語母語話者と中国語母語話者で違いがあるか文字列検索で調べてみよう。また調べる前にどのような傾向になるのか、予測を立ててみよう。中国語母語話者の方が漢語の使用が多く、日本語母語話者の方が和語の使用が多いと予測されるのではないだろうか。

　結果は下記の通りであった。

1) 日本語母語話者：増加（19）、減少（19）、増える（2）、減る（4）
2) 中国語母語話者：増加（14）、減少（8）、増える（13）、減る（14）

第5章　学習者書き言葉コーパス分析　　　*81*

括弧内の数字はのべ語数である。「増加」と「減少」の合計数と、「増える」と「減る」の合計数を比べると、中国語母語話者は漢語を多く用いるのではないかという予想ははずれていることがわかる。むしろ中国語母語話者は和語の使用が多い。ちなみに、韓国語母語話者は以下の通りであった。

　3）韓国語母語話者：増加（4）、減少（9）、増える（10）、減る（9）

中国語母語話者は韓国語母語話者よりも和語の使用が多いということになる。

　このように、自分自身の感覚が果たして合っているかどうかについて確認できるのがコーパスの利点の一つである。

　さらに、「Web 茶まめ」（🔍付録 4.1）で「動詞」で検索したところ、日本語母語話者で 10 回以上使用している動詞に「落ち込む（10）」という動詞があったが、中国語母語話者は 1 回も使用していなかった。代わりに中国語母語話者には、日本語母語話者が使用していない「落ちる（2）」「落下（2）」という動詞の使用がみられた。「落下」を用いた実際の例は以下であった。

(1)　2004 年の 10 万台から 2006 年の 6 万台まで<u>落下した</u>。【C054】

やや不自然と感じる人が多いのではないだろうか。「落下した」を「落ち込んだ」にすると適切な文となる。このことから、このタスクを達成するには、変化を表す複合動詞を学ぶことも重要そうだということがみえてくる。

例題 1

伝聞表現「らしい」「そうだ」「みたい」「って」が母語やレベルごとにどのような違いがあるのか調べてみよう。偏りがある場合、その原因について考えてみよう。

　ここでは携帯メールで先輩が酔っ払って救急車で運ばれたことを友達に伝える**タスク8**を用いる。

【タスク8】

友達と以下の携帯メールのやりとりをしました。

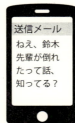

先日あなたのクラブの先輩がちょっとした事件に遭ったという話を聞きました（4コマ漫画）。クラブの友達はその話を知りません。4コマ漫画を見て、どんな事件だったか友達に詳細をメールで教えてあげてください。漫画の主人公は鈴木先輩です。

■ データ作成の手順

① YNU コーパスのタスク8のデータから、日本語母語話者、中国語母語話者の上位群（H）・中位群（M）・下位群（L）、韓国語母語話者の上位群・中位群・下位群の計7つのテキストファイルを使用する（J、C_H、C_M、C_L、K_H、K_M、K_L）。

② 「ChaKi.NET」（付録4.1）に①の7つのテキストファイルを入れ、「らしい」「みたい」「そうだ」「って」、およびそれらの活用をコーパスから抽出する。抽出方法は以下の通りである。

　（ア）「らしい」：タグ検索で「助動詞」を選択し、<surface>の枠に「らしい|らしく」を入力し、正規表現で検索する。

　（イ）「みたい」：タグ検索で「形状詞」を選択し、<surface>の枠に「みたい|みたく」を入力し、正規表現で検索する。

　（ウ）「そうだ」：タグ検索で「名詞」を選択し、<surface>の枠に「そう」を入力し正規表現で検索する。

　（エ）「って」：タグ検索で「助詞」を選択し、<surface>の枠に「って」入

力し、正規表現を検索する。抽出したデータから伝達表現でないゴミ
（不要な表現）を排除する。

　以上の手順で検索をおこない、各テキストファイルにおける、各伝達表現の
使用頻度表を作成した。その頻度を母語ごとに集計したのが表5.1である。ま
た、レベルごとに集計したものが表5.2である。

　表5.1から、母語にかかわらず、「らしい」と「って」が2桁以上使用されて
いることがわかる。そのほか、2桁以上の使用がみられるのは、日本語母語話
者の「みたい」であった。また、非母語話者しか用いていない例として「そう
だ」があった。「そうだ」は中国語母語話者には4例、韓国語母語話者には7例
の使用がみられた。最後に、抽出した伝達表現の合計数をみると、日本語母語
話者＞韓国語母語話者＞中国語母語話者の順となり、中国語母語話者の使用数
は日本語母語話者の半分以下であった。

　表5.2の各レベルの使用状況からは、レベルごとの合計数をみるとレベルが
上になるほど伝聞表現を用いていることがわかった。また中位群、下位群では、
中国語母語話者の使用数が韓国語母語話者と比較すると半分以下であった。

表5.1　母語別による伝達表現の使用数

	日本語 母語話者	中国語 母語話者	韓国語 母語話者
らしい	50	12	31
って	38	17	29
みたい	18	8	7
そうだ	0	4	7
合　計	106	41	74

表5.2　レベル別による伝達表現の使用数

	中国語母語話者			韓国語母語話者		
	上位群	中位群	下位群	上位群	中位群	下位群
らしい	10	2	0	17	7	7
って	11	4	2	11	13	5
みたい	7	0	1	4	1	2
そうだ	1	3	0	2	1	4
合　計	29	9	3	34	22	18

■ 考 察

　まず、このタスクの状況を考えると、第3者の身に起こったことを携帯メールで友達に伝えるということで、かなり話し言葉に近い文章スタイルであることが考えられる。その中で、母語話者の使用状況をみると伝聞表現としてよく使われているのが「らしい」や「って」、「みたい」である。相対的に学習者の使用は母語話者と比較して少ないが、「らしい」や「って」は使用されており、上のレベルになるに従ってその使用数は増えていくことがわかる。では、日本語母語話者に使用されていない「そうだ」がなぜ学習者の使用にみられるのだろうか。

　初級日本語教科書として、広く普及している『みんなの日本語　初級II 本冊〔第二版〕』では、第47課で伝聞表現が導入される。文型や例文として示されるのは「そうです」を用いた次の3文である。

[1]　天気予報によると、　あしたは　寒く　なるそうです。
[2]　クララさんは　子どものときに　フランスに　住んでいたそうです。
[3]　パワー電気の　新しい　電子辞書は　とても　使いやすくて、いいそうですよ。

　また、国内や主に欧米圏の大学の初級教科書として普及している『げんき II』では、第17課の「ぐちとうわさ話」というタイトルの課において「そうです」と「〜って」が友達同士の会話としてとりあげられている。

スー：けさ、駅でたけしさんに会ったよ。
けん：たけしさんが卒業してからぜんぜん会ってないけど、元気だった？
スー：ずいぶん疲れているみたい。毎晩四、五時間しか寝ていないそうだよ。
けん：やっぱりサラリーマンは大変だなあ。
スー：それに、忙しすぎてメアリーとデートする時間もないって。
けん：そうか。ぼくだったら、仕事より彼女を選ぶけど。あの二人、大丈夫かなあ。

　このように初級の段階で教科書により伝聞の「そうです（よ）」や「そうだよ」がまず導入されていることが関与している可能性も一因として考えられる

だろう。

では「そうです」は実際、どのような場面で使用されているのだろうか。中俣（2014：61-64）によると、物事の解説や紹介、ガイドという場面で耳よりな情報を伝えるときに使われることが多く、単なる伝聞情報ではないという。さらに、BCCWJ の中でも「Yahoo! 知恵袋」と「Yahoo! ブログ」にその使用が偏っていることから、「硬くはない、しかしある程度丁寧な言葉遣いが用いられる書き言葉」であることが指摘されている。またそのことから、「友達へのメールなどにはあまり用いられないと考えられる」とあり、今回の日本語母語話者のメールでは一例も用いられていないという結果と一致している。加えて、BCCWJ のコーパスの用例と、日本語教科書でよく用いられている天気の話題とはあまり結びついておらず、「そうだ」の話題として天気をとりあげるのは適しているとは言い難いようである。

これらのことから、このタスクにみられる学習者の「そうだ」の使用には、初級段階で学んだ教科書からの影響と、その「そうだ」が友達などへのメールではあまり用いられないという使用状況の制限を知らないことも関連している可能性が推察される。

日本語母語話者が比較的多く使用していた「みたい」については『げんき II』第 17 課でもとりあげられているが、比喩や見た情報からの判断による例が扱われている。

[1] 私の父はカーネルおじさんみたいです。
[2] あの人はゴリラみたいです。
[3] 雨がふったみたいです。
[4] あの人はおなかがすいているみたいです。
[5] あの人はきのう夜寝なかったみたいです。

親しい人への伝聞表現としての「みたい」は初級教科書ではとりあげられることが少ないことから、学習者の使用が日本語母語話者と比べると少ない可能性があげられよう。

しかしながら、YNU コーパスの学習者はほぼ日本語能力試験 N2 以上であり、日本で学んでいる学習者であることから、さまざまなインプットを受けている

はずである。数字の偏りの原因を初級教科書のインプットのみから考えることは避ける必要がある。あくまでも可能性の一つとして考えられるということである。学習者の言葉のコーパスからみられる結果を考察する際には、そのコーパスの学習者のレベルや学習経験をきちんと把握し、さまざまな習得要因が絡んでいることを忘れてはならない。

■解 説

1. 探索型研究と仮説検証型研究　　学習者コーパスを研究する際には、探索型研究と仮説検証型研究がある。前者は、学習者の言葉にはどのような傾向があるのか、その実態を把握するために探索的にコーパスを観察する研究手法である。後者は、学習者の言葉に現れる（または現れない）であろうという仮説を立てて、その仮説を検証するためにコーパスを調べる研究手法である。

　たとえば、本章で扱っている YNU コーパスの場合であるが、まずは日本語母語話者と非母語話者にどのような違いがありそうか、実際のデータをいくつか眺めてみよう。次に、たとえば本題で扱っている**タスク 8** の場合には、DVD データの中の「data」フォルダ → 「corrected data」フォルダ → 「task」フォルダ → 「task_8」から母語話者、非母語話者（母語別・レベル別）のファイルを開いてみよう。

(2)　【J016】日本語母語話者

　　鈴木先輩、この前新入社員の歓迎会があったんだって。

　　まあ、上司がたくさんいてどんどん注いでくれるから断れなかったらしくて、かなり飲んだみたいなんだ。

　　それでかなり酔っ払って、さらにカラオケで歌わされてさ。

　　歌ってる最中に倒れちゃったらしいよ。

　　救急車で病院に運ばれて、朝起きたら病室のベッドだったって。

　　鈴木先輩、大変だったみたいだよ。

　　もう歓迎会はかんべんしてくれって。笑

(3)　【C025】中国語母語話者・下位群

　　先日、鈴木先輩は新入社員の歓迎会にお酒をいっぱい飲んで、歌を歌う。

歌う時は、たぶん頭がふらふらして、突然に倒れてと見たら、本当にびっくりした。

すぐ救急車を呼んで、病院に送った。

鈴木先輩は朝病院で目覚めて、何か発生したら、自分が全然覚えていなかったと言った。

　(2) と (3) を見比べてみてどのような気づきがあるだろうか。終助詞、接続詞、伝達表現、使役文、受身文、いろいろな違いがあるのがわかるだろう。このように、まず検索する前によく観察することが大切である。その際に重要なのは、母語やレベルに考慮しながら比較することである。母語に特有の使用傾向であるのか、レベルによる傾向であるのかを知ることにより、使用傾向の要因を知ることができるからである。ここに YNU コーパスのような階層切り分けコーパスの意義があるといえよう。

　「研究になりうるかどうか」は、研究者の経験に裏づけられた嗅覚によるところが大きいが、まずは数を数えて表にしてみることが基本である。最初から仮説検証型を目指すのではなく、まずは探索的にコーパスを観察してみることをお勧めしたい。なお、『YNU 書き言葉コーパス』の本冊（金澤編、2014）では、第 I 部でコーパスについての詳しい解説、第 II 部では各タスクの評価結果について、日本語母語話者、非母語話者のレベルごとの各グループを分析し、それらの特徴が記述されている。この第 II 部の記述がまさに探索的な観察結果でもあるので、参考にしながら検索してみてはどうだろうか。

2. 量的検討と質的検討

　学習者コーパスのデータは量的にも、質的にも検討していく必要がある。表5.1、表5.2 は、各伝達表現形式を検索し、母語別、レベル別に数を示したものである。このように、傾向を数字で検討することを量的検討という。記述統計でもある程度の傾向は示すことができるが、検索結果の量的な傾向が、一般化できるのかどうか統計にかけて検討することも考えられる。先の 1 で示したような実際のデータを前後の文脈や、実際の形式の言語環境を質的にみていく場合には、質的検討という。たとえば、みたいと思っている伝聞表現形式の出現位置をみるには質的にみていく必要があるだろう（文字列検索で「らしい。」「らしいよ。」「らしいです。」で文末か否かを検索するこ

とは可能）。例として、量的検討の結果、一番多く使用されている「らしい」について質的にみてみると、日本語母語話者の場合、以下のように文中に多く使用していそうなことがわかる。

(4) まあ、上司がたくさんいてどんどん注いでくれるから断れなかった<u>らしくて</u>、かなり飲んだみたいなんだ。【J016】

(5) そんですぐに救急車で病院に運ばれた<u>らしいんだけど</u>、次の日には病院で目覚ましたらしいよ。【J018】

(6) 一晩入院したみたいだから、もう体調は大丈夫<u>らしいから</u>よかったよ。【J004】

(7) この前、新入社員歓迎会があった<u>らしくて</u>、上司とか上の人に飲まされたんだって。【J003】

実際に「らしい」の文中での使用数を数えると日本語母語話者は 50 例中の 17 例であるのに対し、中国語母語話者は 12 例中の 1 例、韓国語母語話者は 31 例中の 6 例であった。それぞれパーセンテージに直すと 34%、8%、19% である。これらのことから、もしかすると学習者は、文末で伝達表現を使用すると文全体として伝達の機能が働き、文中では使用する必要がないととらえているのではないかという可能性が浮かんでくる。さらに下位群と上位群を比較し、上位群では文中で使えているということであれば、フィードバックや教示の際に伝達表現の文中での使用について日本語能力試験 N2 レベル相当クラスで扱うことで、より上のレベルに近い自然な使用に近づけるのではないかという、日本語教育現場への示唆も可能となるかもしれない。このように量的検討と質的検討の両方の検討方法を取り入れながら、「どのくらい（量）」「どのように（質）」使用されているのかをみていくことが重要である。

3. コーパスの検索結果は「機能別」にも表示されない　第 3 章において、コーパスを利用する際には、「用法別、意味別などの集計はできない」ということ、一方で用法や意味は、日本語教育において極めて重要であるため、自分自身の目でみて分類するしかないという話があった。**例題 1** では、「伝聞表現」で「らしい」「みたい」「そうだ」「って」をとりあげたが、果たして「伝聞表現」

はこの４つのみなのであろうか。「どのような伝聞表現を用いるのか調べてみよう」という課題について考えるのであれば、「伝聞」という機能の際にどのような表現が用いられているのかをみる必要がある。もちろん、先行研究の結果や質的なデータの観察などから主なものを抽出し、その数を検索で調べることである程度の傾向はみえてくる。しかしそれがすべてではない。たとえば「って」で検索した場合、以下のような学習者の用例はカウントされない。

(8)　で、２次会行ってずっと飲まされて、結局、酔っぱらって、歌う途中に倒れちゃった<u>て</u>！【K023】

促音が抜けているため形式的には誤用ではあるが、学習者が「伝聞」として用いていることには違いない。また日本語母語話者には２例のみではあるが以下のような用例がみられた。

(9)　結局病院でずっと寝てて、翌朝までずっと寝てた<u>っぽい</u>よー。【J007】
(10)　しかも、先輩起きたら、朝で、病院で、本当にびっくりだった<u>っぽい</u>よー。【J008】

このような「っぽい」も「伝聞」の機能を表しているといえよう。数は少なくとも伝聞表現のバリエーションの一形式と考えられるのではないだろうか。より生の日本語を習得したい学習者には「っぽい」も伝達表現の一つとして教えることも考えられるかもしれない。

　このように、表現形式を決めて検索することにより抜け落ちるものもあることを認識し、機能面から目でみていくことの大切さも再度強調しておきたい。

例題 2　どの程度、書き手の発話態度を示す辞的要素のない文末形式を使用するか、母語、性差、レベルごとに調べてみよう。またそれらが連続で使用されているかどうかもみてみよう。

　自分自身の経験を踏まえて入院中の後輩を励ます手紙を書くという**タスク５**を用いる。

第5章　学習者書き言葉コーパス分析

【タスク5】

　あなたの後輩は、交通事故に遭い、もう2カ月も入院しています。就職活
動や卒業論文の時期が近づき、将来に不安を感じているようで、相談に乗っ
てほしいと頼まれました。実はあなたも後輩と似たような経験をしたことが
あります。自分の経験を踏まえ、後輩に励ましの手紙を書いて下さい。

■ データ作成の手順

　メイナード（1991）の定義に基づき、書き手の発話態度を示す辞的要素のな
いものを「裸のダ体」として、「ダ」（ダ・ダッタ）、「デアル」（デアル）、「（形
容詞）イ・（動詞）ル形」、およびその過去形（カッタ・タ）と否定形で（ナ
イ・ナカッタ）」でいいきって終わるものが、どのように用いられているのかを
調べる。以下が「裸のダ体」の例である。

（11）　人生に決まったコースなんてないと思う。【J009】

（12）　それは事実だ。【J011】

　定型句である挨拶文（「こんにちは」「お大事に」など）は分析の対象外とす
る。また、それらの形式が連続で3回以上使用されている場合を「連続ダ体」
（奥野、2014）とし、「連続ダ体」の有無を調べる。以下がその例である。なお、
文末形式を視覚的に比較しやすいよう、例文は右寄せで示す。

（13）　【K010】韓国語母語話者・上級・女性
　　　　でも君から手紙をもらってとても嬉しかったしまたすごく心配になって、今
　　　　　　　　　　　　　　　　　　　　　　　　　　　　返事を書いている。
　　　　後2カ月入院しなきゃいけないということを医者から聞いて、もうすこしで
　　　　就職活動と卒業論と控えている君がどれほど不安になったことか私はよくわ
　　　　　　　　　　　　　　　　　　　　　　　　　　　　　　　　かっている。
　　　　　　　　実は私も3年生の春休みにびょうきで倒れて、君と同じ場合だった。

以下①〜⑧が具体的な手順である。

①　データを性別、母語別、レベルごとにファイルを整理する。

② 「文字列検索ツール」（「Devas」など）を用いて「ぬ。」「る。」「ぶ。」
「む。」「ぐ。」「く。」「い。」「だ。」「た。」「つ。｜す。」を検索する（🔎付
録3.1）。

③ 「ました。」「ください。」「下さい。」は「裸のダ体」ではないため、目で
みて取り除く。

④ 検索された文は右寄せに文末を揃える。

⑤ 母語、性差、レベルごとに検索する。

⑥ 人数、総文数が異なるため、各カテゴリーの文数を100％とし、ChaKi.
NETで各カテゴリーの使用率を示す。

⑦ 目で「裸のダ体」が連続で3回以上使用されている（「連続ダ体」）の有
無を数える。

⑧ 「連続ダ体」を使用しているか否かを被調査者ごとに確認し、集計する。

　上記①〜⑥の手順で検索をおこない、各テキストファイルにおける、「裸のダ
体」の使用率表を作成した。その母語、性別、レベルごとに集計したのが表5.3
である。表5.3から以下のようなことがわかる。

表5.3　母語、性別、レベルによる「裸のダ体」の使用率

調査対象者	性　別		レベル		
	男	女	上位群	中位群	下位群
日本語母語話者	17.50%	3.10%	–	–	–
韓国語母語話者	16.50%	10.90%	9.00%	13.00%	21.60%
中国語母語話者	45.90%	19.30%	29.40%	22.60%	31.50%

1) すべての母語話者において女性よりも男性の方が裸のダ体の使用率が高
い。

2) 日本語母語話者よりも非日本語母語話者の方が「裸のダ体」の使用率が高
い。

3) 中国語母語話者はレベルにかかわらず、「裸のダ体」の使用率が高い。

　また⑦〜⑧の手順の結果、「連続ダ体」の有無を集計したものが表5.4であ
る。表5.4から以下のようなことがわかる。

第5章　学習者書き言葉コーパス分析

表5.4 母語、性別、レベルによる「連続ダ体」の使用者数

調査対象者	性　別		レベル		
	男	女	上位群	中位群	下位群
日本語母語話者	1	1	–	–	–
韓国語母語話者	4	2	2	1	3
中国語母語話者	10	5	5	5	5

1) 非母語話者において女性よりも男性の方が「連続ダ体」の使用者が多い。
2) 日本語母語話者よりも非日本語母語話者の方が「連続ダ体」の使用者が多い。
3) 中国語母語話者は、「連続ダ体」の使用者数のレベルによる違いがない。

■ **考　察**

タスク5は「入院中の後輩」にあてた「励まし」の手紙として、適切な文体の使用が求められる。しかしながら、非母語話者のデータの中には親しみを感じにくく、「励まし」の手紙としてふさわしいとはいえない文体の使用がみられ、非母語話者が励まそうと書いた手紙が逆に違和感や不快感を与える可能性が考えられる。実際に検索した結果から、日本語母語話者に比べて非母語話者は「裸のダ体」の使用率、またダ体の連続使用が多いことが明らかとなった。では、具体的に（14）日本語母語話者と（15）韓国語母語話者、（16）中国語母語話者のダ体の連続使用例をみながら非母語話者のダ体の使用がなぜ違和感を与えるのか考えてみよう。連続ダ体部分は太字で示している。

（14）　ダ体の連続使用【J024】（日本語母語話者・男性）
　　　　　　　　　　　お前が入院してから早二カ月が過ぎたけど、大丈夫か？
　　　手紙で読んだけど、精神的にもやられているようでとても心配になりました。
　　　　　　　　　　　実際、不安に感じるだろうことはすごく分かる。
　　　お前と全く同じ状況じゃないけど、俺も事故に遭って入院して不安な気持ちになったことがある。
　　　入院してる最中はやはり不安で仕方なく、落ち込んでいたが、途中で気が変わった。

第5章　学習者書き言葉コーパス分析　　　　　　　　　　　　　93

今出来ることをやろう！と。

ありきたりな言葉だけど、これしかないように思う。

そして無事退院出来た後は、遅れを取り戻すために全力で励め！

俺はそれで今まで何とかやってきた。

それは、俺のことを見てきたお前なら分かるんじゃないかな。

今お前に出来ることは何なのか考えてみてください。

あと人生はまだまだ長い。

たしかに今年の就活が重要であるのは間違いないし、卒業がかかっているの
で気になるのも分かる。

親不孝なんてしたくないしね。

でも、まだまだ生きていける。

親孝行をするチャンスはある。

だから、そんな不安がらず、一歩ずつ進んでいけばいいし、誰かに助けても
らったりすればいいと思う。

出来ることをしっかりやれ。

早く良くなって退院出来るよう願っています。

（15）　ダ体の連続使用【K029】（韓国語母語話者・下位群・男）

私、【K029】たよ。

平気なの？

今日は天気すごくよかったね。

どう過ごしたか聞きたいな。

こうじこってひどいだね。

それに二ヶ月間何もできなくて不安で…私もその気持ちわかる。

私も同じ経験をしたから。

最初は私、とても不安で何週間何も手に入れなくて「もうタメだな」と思ったの。

でもね、その経験をしながら中要な一をわかった。

大学生のお前に一番大切なことは何か、考えたことある。

職業も大切だし独立も大切だし思い出せることはたくさんあるけれども私は
今まで私は何をして来たかを分かることが最も大切だと思う。

大学生の前と後は全然違うから、卒業する前にその問にはきり答えなければ

ならない。

小学校から始まったお前の学び時間はもう十五年をすぎたよ。

その時まで私はどうやってちゃんと生きて行ったか、それを考えてほしい。

その答えを出したら病院に過ごす長い時間もお前に大切な時間になる。

がんばれ！

(16) ダ体の連続使用【C042】（中国語母語話者・中位群・男）

○○君、入院してから二カ月立ったね。

体調はいかがですか。

四年の前期は勉強以外に就職活動と卒業論文の提出も気を配らなければならない、きっと多少は心配しているでしょうね。

実は、○○の場合はそんなに心配しなくて良い。

なぜそう言えるのかというと、僕も四年生のとき似たような状況に遭ったからだ。

実は去年部活での練習で骨折したこともあって、それで一ヶ月ぐらい入院することになっていた。

そのときの情況はまさに○○君の情況とかわらない。

最先は心配していたけれども、骨折で、入院してても暇なものだから、病院で残った論文を最後まで完成したので残っていたのは修正だけだった。

病院で落ち着くので、逆に論文にふさわしい環境だったかもしれない。

それから、まだ入社試験の時期じゃないし、病院でなるべくおおくの企業情報を集めて、じっくり分析したので、準備はできていたと思うので、本番の試験では余裕が出たぐらいで、楽勝だったよ。

○○君の場合、卒業単位も既に取得したし、論文も閉じの僕よりすすんでるでしょう。

だから、今こそチャンスだと思ってください。

病院でいろんなことをおちついてじっくり考えたらいいでしょう。

では、早めの健康回復を祈ります。

次には、大学で会いましょう。

お体をお大事に十分気をつけてください。

日本語母語話者【J024】の例（14）は、日本語母語話者の男性の中でダ体の

第5章　学習者書き言葉コーパス分析　　　　　　　　　　　95

連続使用がみられた例である。この（14）は日本語母語話者の中で唯一、基調
とする文体としてダ体を用いていたものでもありやや特殊な例と考えられる。
その（14）のダ体の連続使用例をみると、「でも、まだまだ生きていける。親孝
行をするチャンスはある。」という「だから」の前のダ体2文が、従属節的役割
を果たしていることに気がつく。もう一名の非デスマス体を基調文体としてい
る日本語母語話者の女性の作文【J016】での連続ダ体の使用の場合も同様に、
「試験に向けて勉強する。部活動の日々の練習を撮影したものをみて反省し、部
員にメールする。卒論のテーマを決めるために興味のある分野の本を読みあさ
る。<u>こうして</u>、私は退院後入院する前より生き生きとして戻ることができまし
た。」と、「こうして」の前のダ体文が従属節的役割を果たしていた（【J016】の
作文の全体は実際のコーパスで確認してもらいたい）。

　しかしながら、非デスマス体を基調文体としている（15）の韓国語母語話者
【K029】、デスマス体を基調文体としている（16）の中国語母語話者【C042】に
みられるダ体の連続使用では、そのようなダ体文が従属的役割を果たすような
使用ではないことがわかる。このため、単なる文の羅列にしかなっておらず、
文体が唐突に変化したような違和感を与えるのではないだろうか。また、日本
語母語話者のダ体の連続使用文数は【J024】【J019】ともに3文であるが、韓国
語母語話者【K029】は4文、中国語母語話者【C042】は6文と比較的多く、こ
こにも違和感の原因がある可能性がある。

　つまり、日本語母語話者にはダ体の連続使用は非常に少ないものの、連続使
用する場合には主題の例としてあげる際などに、従属節的役割として使用する
ために、むしろ文調としてメリハリを与えるという表現効果もあるが、非母語
話者の連続使用には従属的役割がない場合が多く、しかも連続使用文数が日本
語母語話者に比べて多いことから、違和感があるのではないだろうか。

　また非母語話者の場合、ダ体の混用、ダ体の連続使用は自分の経験を提示す
る中盤部にみられている（奥野、2014）。文の開始部や終結部ではコントロール
できる文末文体が、伝達内容の事柄的側面に意識がいくために、中盤部におい
て文末文体がコントロールできずに出現した可能性も否定できない。一種の言
語的挫折である可能性もあり、手紙文全体の中でのダ体の出現位置なども探索
してさらに検討する必要があるだろう。

解　説

1.　問題意識をもった検索項目の設定　　YNUコーパスは、すべてのタスクにおいて「タスクの達成」「タスクの詳細さ・正確さ」「読み手配慮」「体裁・文体」という大きく4項目において評価がなされているが、特定の読み手に書く**タスク5**の手紙文の作文においては、特に「読み手配慮」と「体裁・文体」の適切さが鍵となる。たとえば、「読み手配慮」については、【K011】のように自分の経験談を「こんなにえらい会社で働いているんでしょ」と自分の自慢話のように書いている場合には評価が低くなる（【K011】の作文は実際のコーパスで確認してもらいたい）。また、「体裁・文体」では後輩を慰める手紙文としての適切な体裁や文体かが評価されるが、その際に評価が低くなったものに「裸のダ体」や「連続ダ体」の使用が多くみられた。書いた本人に悪気がないにもかかわらず、相手に不快感を与える可能性があるものはコミュニケーション上支障をきたす恐れがあるので、教育的にも介入する必要があるだろう。その際にどの程度の学習者が用いているのか、母語による差はあるのか、どのレベルの学習者に教育的介入をすると効果的なのかを知るためにも、コーパス検索により傾向をつかんでおくことは有効である。ただし、「読み手配慮」で問題となりそうな自慢話的な経験談は目でみるしかない。「検索したら何かおもしろいことが出てくるかもしれない」ではなく、問題意識を持って検索項目を設定することも重要である。その際に評価項目の観点から検討することも有効であろう。

2.　既存の階層切り分けと独自の切り分け　　YNUコーパスは、レベル、母語による階層切り分けがなされているコーパスとして大変利用しやすいものである。**例題2**の検索結果においても特に中国語母語話者に「裸のダ体」や「連続ダ体」の使用が多くみられ、さらに、中国語母語話者の半数に連続ダ体使用がみられるという特異な傾向があることから、中国語の転移である可能性もあげられる。また中国語母語話者は、日本語母語話者や韓国語母語話者の傾向とは異なり、デスマス体・ダ体を基調文体とする者、基調文体が特定できない者も多かった。これは「後輩」に対して用いる非デスマス体がそもそも使えない可能性がある。日本語教育現場の「書く」教育において、「デスマス体」「ダ体」についてはよくとりあげられる（しかも文体の統一が強調される）が「非デス

マス体」はとりあげられることが未だ少ない（文体の混用の重要性については
ほとんどとりあげられない）。そのため、特に母語に文末の使い分けがない中国
語母語話者は非デスマス体が使えない、もしくは回避している可能性がある。
中国語母語話者は、母語である中国語に明確なスタイルのバリエーションがな
く文末形式の習得が困難だと指摘されているが、書く面においても教育的な配
慮が必要であることが示唆される。

　レベルについては、YNU コーパスはもともと日本の大学の学部、大学院の留
学生を対象としており、その留学生たちは日本語能力試験 N2 以上であるが、
「裸のダ体」や「連続ダ体」の使用に関してはレベルによる差が特に中国語母語
話者には大きくなく中上級のどのレベルの学習者にとっても課題であることが
わかった。このように階層切り分けコーパスを用いることによって教育的にも
有益な示唆を得ることができる。

　一方、**例題2**では、もともと設定されていない独自の視点でも切り分け検索
をおこなった。「性別」である。実は、「励まし」という言語行動様式には、男
性は「突き放し型」「事実重視型」、女性は「寄り添い型」「対人重視型」と、話
者の性別により差があることが先行研究により明らかとなっている（関山、
1998；塩見・米澤、2008）。言語行動様式を支える文体にも性差は関係してくる
ことから、**タスク5**においては性別に配慮して分析をおこなうことにしたので
ある。このようにコーパスを用いる際にも扱うタスクや目的に応じて、被調査
者情報をもとに独自の切り分けをおこなうこともときには必要であることを覚
えておきたい。

　3. 数値の少ないものを見ることの大切さ　　コーパス研究では、検索の結果特
に顕著に多い数値に着目して、語ることが多い。しかしながら、少ない数値に
着目してみることもまた重要である。**例題2**の場合、用例数は少ないものの日
本語母語話者にもダ体の使用があり、その使用例を観察し、非母語話者の使用
を比較することにより、日本語独自の「裸のダ体」や「連続ダ体」の表現効果
がうかがえることがある。考察では、連続ダ体には、従属的役割を担わせて使
用していることがうかがえたが、「裸のダ体」の使用がわずか3％であった日本
語母語話者の女性もみてみよう。

(17)　日本語母語話者・女性・【J004】

お久しぶり。

体調はどうですか。

交通事故に遭ったこと、本当に気の毒だったし、辛いと思うけど、こうして手紙を送ったり、話ができたりするまで、元気になってくれてよかったよ。

私も高校生の頃、バイクにひかれて大変な思いしたな、そういえば。

ちょうど試験の前日で、すごいショックうけたよ。

けど、家族や周りの友達がみんな、助けてくれた。

あの時は、ただただショックでそんなことちゃんと気づいてなかったんだけど、今思うと、みんなに感謝しきれないくらい。

就職活動とか卒論とか、たくさん不安はあると思うけど、まずは自分の体を早くよくすることに専念するんだよ。

完全復活できた、っていう時になったら私たちが全力でサポートするから、安心して。

何でも頼ってくれていいからさ。

私たちも○○が退院できるころまでに、就活のこととかしっかり思い出して、準備しておよ！

もちろん、お見舞にも行くから、何でも話そう。

○○が退院するのみんなで楽しみに待ってるからね。

では。

(18)　日本語母語話者・女性・【J018】

私も、入院して何もできなかった間、自分は将来何の仕事をしてどんな風に働きたいとか、こういう仕事が好きとかゆっくり考えられたよ。

飽きた時には本読んで自分の問題意識は何のどんなところにあるのか…って考えてたら、そこから卒論のテーマにつながるヒントも得たし。

不安にならないとは言えないけど、考える時間はいっぱいあったから逆に自分を見つめるいい機会になったよ。

○○もそう考えてみたらどうかな。

就活は確かに説明会行って話をきくのも大事だけど、退院してからでもできる。

今は自己分析をやって自分の強み、経験から得たことを整理してまとめた

り、そういう時間にあてれば、それも立派な就活！

卒論なんか、私は今のこの時期まだテーマ決まってなかったよ。

その代わり今までの講義を振り返って問題点探したり、本をたくさん読んだりしてた。

そのおかげで自分なりに一番興味のあることをテーマにしてその後全力で卒論に向かえたし。

要は時間の使い方次第だと思うよ。

○○もそういう風にしてみたら、何か見つかるかもしれないよ。

でもまあまた不安になったらいつでも言ってね。

　（17）と（18）をみると、中盤部の自分の経験を思い出して情報を提示する際にダ体が使われていることがわかる。また、「退院してからもできる」と言い聞かせるように伝える際や、「感謝しきれないくらい」と感謝の気持ちを相手に伝える心理条件が働くときに使用されていることがわかる。このように、ダ体による文末文体の混用をあえておこなうことによって、励まそうとしていることがわかる。つまり、ダ体による文末の混用が、「励ます」という機能の一端を担っているともいえるのではないだろうか。

　このように数値の小さいものをみることも重要である。もちろん、これが一般化できるかどうかについては、もっと大きな母語話者の日本語書き言葉コーパスを検索したり、独自に調査をおこなうなどして、検証する必要があるのはいうまでもない。

演習 1　**タスク９を用いて、町の広報誌で料理の作り方を説明するときにどのような名詞が多く使われるのか、レベルにより違いがあるのかを調べてみよう。**

　まず料理の種類による影響を排除するためにできるだけ同じメニューで比較することが望ましい。中国語母語話者と韓国語母語話者が紹介した料理のトップ３はそれぞれ「１位：餃子、２位：マーボー豆腐、３位：火鍋」「１位トッポキ、２位キムチチゲ、３位サムゲタン」であった。ここでは１位の餃子とトッポ

キをとりあげて比較してみよう。それぞれのメニューのレベルごとの内訳（人数と被調査番号）は表5.5の通りである。

それぞれのファイルの実質語ののべ語数と異なり語数をある方法 [web] で調べてみると表5.6のような結果となった。のべ語数に対して異なり語数が多ければ語彙のバラエティーが大きいということになる。のべ語数を異なり語数で割った値（type token ratio: TTR）を算出すると表5.7であった。

表5.6と表5.7をみる限り、実質語ののべ語数と異なり数からは特にレベルによる差があるとはいえず、語彙のバラエティーが多いほどレベルが高いと評価されているとはいえないようである。次にそれぞれ具体的にどのような名詞を用いているのかある方法 [web] で調べてみると表5.8、表5.9のような結果になった。

表5.5 「餃子」と「トッポキ」の内訳（人数と被調査者番号）

	上位群	中位群	下位群	計
餃　子	1（C047）	3（C010, C038, C061）	3（C020, C036, C045）	7
トッポキ	1（K004）	3（K034, K038, K040）	3（K011, K021, K029）	7

表5.6 のべ語数と異なり語数

	餃　子		トッポキ	
	のべ語数	異なり語数	のべ語数	異なり語数
上位	111	69	53	33
中位1	109	66	96	62
中位2	124	75	76	53
中位3	166	94	101	56
下位1	89	56	48	29
下位2	96	47	35	29
下位3	116	77	42	36

表5.7 「餃子」と「トッポキ」のTTR

	餃　子	トッポキ
上位	0.62	0.62
中位1	0.61	0.65
中位2	0.60	0.70
中位3	0.57	0.55
下位1	0.63	0.60
下位2	0.49	0.83
下位3	0.66	0.86

表5.8 「餃子」使用される実質名詞の上位5語（数）

	上　位	中位1	中位2	中位3	下位1	下位2	下位3
1位	餃子	餃子	餃子	餃子	餃子	餃子	餃子
2位	中国	中国	ゼロ	餡	中国	中国	中国
3位	皮	料理	中国	豚肉	水	水	中身
4位	餡	皆	白菜	キャベツ	皮	料理	一
5位	日本	家族	料理	事	三	二	春節

表 5.9 「トッポキ」で使用される実質名詞の上位 5 語（数）

	上　位	中位 1	中位 2	中位 3	下位 1	下位 2	下位 3
1 位	餅	料理	韓国	トッポキ	トック	韓国	料理
2 位	水	トッポキ	トッポキ	一	木	ソース	紹介
3 位	トッポキ	ソース	餅	物	韓国	料理	為
4 位	味	韓国	コチュジャン	二	トッポキ	時	皆
5 位	間	餅	料理	分	料理	鍋	挑戦

　橋本（2014）が提案しているように、これを語の意味カテゴリー別に眺めてみよう。「料理名（餃子・トッポキ）」「国（中国・韓国）」「主食材（皮・餅・トッポキ・トック・餡）」「食材原料（白菜・豚・キャベツ）」「調味料（コチュジャン・ソース）」「食べる時期・人（春・皆・家族）」「数詞（一・二・三）」などがあげられる。これをみると下位レベルでは具体的な食材（「主食材」「食材原料」「調味料」）を示す実質名詞（網かけ部）の使用頻度が低い傾向にあることがうかがえる。橋本（2014）では、食名詞を具体物（食材・調味料・水分）と抽象概念（味・調理法・食べる時期など）に分けて意味カテゴリーごとに分類している。この意味カテゴリーを参考に、「餃子」と「トッポキ」の作文で用いられている名詞をすべて分類してみるとより明確に、料理を紹介する際には具体的な食材を用いて説明すると評価が高くなるということがみえてくる可能性がある。また、ほかの料理でも同様の傾向がみられるのか、日本語母語話者の料理（肉じゃが・寿司）はどうかについても調べて検証してみよう。

発展 1　市民病院の閉鎖についての新聞投書のタスクを用いて、母語、レベルごとに漢語と和語の比率についてみてみよう。

発展 2　指導教官へおすすめの観光スポットを教える場合に、断定を回避する表現バリエーションにはどのようなものがあるか、まずタスク 7 の生データを質的にみて、特徴をみてみよう。次に、それらの特徴を検索する方法を考えてみよう。

発展 3	例題 2 のようなダ体の連続使用を改善するために、どのような教育が効果的かを考えてみよう。

---- コラム 1 ----

日本語母語話者は果たして正しい日本語を使っているのだろうか？

　日本語母語話者の使用を基準として、非日本語母語話者の使用傾向と比較し、日本語母語話者と異なる傾向を「逸脱」とみなす傾向があるが、果たして日本語母語話者は正しい日本語を用いているのだろうか。『日本語教育のためのタスク別書き言葉コーパス』本冊（金澤編、2014）の第Ⅲ部には、筆者達によるYNU コーパスを用いた研究事例が掲載されている。その中の一つに「手書き作文に見られる漢字表記の誤りについて―「貸す」と「借りる」の混同に注目して―」という金庭氏の論考があるのでご紹介しよう。YNU コーパスには、被調査者が手書きで書いた通りに、できるだけ再現したオリジナルデータがある。金庭氏は、そのオリジナルデータを用いて本を借りたいという旨のメールを書く「タスク 1」と「タスク 2」の「貸す」「借りる」の漢字をどのように使用しているかを調べた。その結果、「借して」と表記した誤りが日本語母語話者に 9 例と、なんと非母語話者よりも多いことがわかったのである（韓国語母語話者 2 例、中国語母語話者 7 例）。たとえば「借していただけないでしょうか【J008】」「借してくれない？【J024,J027】」などの誤りである。また「お貸りする事は可能でしょうか【J026】」と「貸りる」と表記した誤りもみられた。このように、日本語母語話者にとっても「貸す」「借りる」は難しいことがわかる。正しい日本語の使用について日本語母語話者を基準として考えるのは慎重になった方がよいかもしれない。

---- コラム 2 ----

文体は統一する必要があるのか？

　日本語教育における「書く」教育では、初級での作文、中上級での意見文などの指導が主流であり、初級ではデスマス体、中上級になると書き言葉であるダ体、

デアル体による論理的な書き方の訓練がおこなわれている。その際の指導の重要なポイントの一つが同一文章内での文体の統一、つまり混用を避けることとされている。

一方、読み手不在の作文教育に疑問が投げかけられ、メールなど対人を意識したコミュニケーション場面に即した「書く」教材が開発されてきている（野田・森口、2003；由井ほか、2012など）。

このような、対人を意識した「書く」場合には、通常書き手の現状（年齢・性別・地位）や書き手と読み手の関係性（上下、親疎）、書く状況などを基準に、文体が選択される。こうした基準を考えれば、同一文章内での文体は一貫している必要があると予測されるように思うものだが、実際にはデスマス体、非デスマス体、ダ体などによる文体の混用が多くみられ、親しさの中にも礼儀を示したり、丁寧さの中にも親しみを示すなどの調整がなされている。

筆者もSNSでママ友とやりとりをする際、いかに丁寧な中にも親しさを表現しようかと文体の混用方法には日々心を砕いている。

ただこのような文体の混用は、これまで日本語教育の現場ではほとんど指導されていない。そのため、学習者はどのように文体を使い分けたらよいのかわからず、よそよそしい印象やぞんざいな印象を与えるなど、コミュニケーション上の支障をきたす可能性も少なくないのではないだろうか。

SNSなどの使用機会が増え、人間関係の構築にも欠かすことができなくなっている昨今、日常的なコミュニケーションとして「書く」能力は必要不可欠なものとなっている。今後はSNSデータに基づいたコーパスも必要かもしれない。

参 考 文 献

奥野由紀子（2014）「「励まし」の手紙文における文末文体の混用―ダ体の混用に着目して―」、金澤裕之（編）『日本語教育のためのタスク別書きことばコーパス』ひつじ書房、353-378

金澤裕之（編）（2014）『日本語教育のためのタスク別書きことばコーパス』、ひつじ書房

金庭久美子（2014）「手書き作文に見られる漢字表記の誤りについて―「貸す」と「借

りる」の混同に注目して—」、金澤裕之（編）『日本語教育のためのタスク別書き
ことばコーパス』、ひつじ書房、419-429

関山健治（1998）「日本語の『慰め・激励』表現に見られる Politeness Strategy —話
者の性別と社会変数による影響・大学生の場合—」、『白馬夏季言語学会論文集』
9、11-17

塩見式子・米澤昌子（2008）「『慰め・励まし』の様相」—シナリオを例として—」、
『関西外国語大学留学生別科日本語教育論集』**18**、1-15

中俣尚己（2014）『日本語教育のための文法コロケーションハンドブック』、くろしお
出版

野田尚史・森口稔（2003）『日本語を書くトレーニング』、ひつじ書房

橋本直幸（2014）「語彙調査に基づくタスクの分類—「語彙多様性」と「個人差」の
観点から—」、金澤裕之（編）『日本語教育のためのタスク別書きことばコーパ
ス』、ひつじ書房、287-303

メイナード、K・泉子（1991）「文体の意味—ダ体とデスマス体の混用について—」、
『月刊言語』**20**、75-80

由井紀久子・大谷つかさ・荻田朋子・北川幸子（2012）『日本語プロフィシェンシー
ライティング』、凡人社

謝　　辞

　本稿は、2017 年度「日本語教育学研究」をもとに執筆し、2018 年度「日本語教育
学研究」において試行したものである。履修者の皆様のご協力に感謝いたします。ま
た、長谷川守寿先生にもご助言いただきました。この場を借りてお礼を申し上げます。

第6章
対照言語学的分析

建石 始

> **導入1** 中国語の「非常」の後にどのような表現が生じるかを予想してみよう。また、実際に、「非常」の後にどのような表現が生じているかを調べてみよう。

　中国語の「非常（非常に）」の後にはどのような表現が生じるだろうか。中国語母語話者が自分自身の内省を働かせて予想すると、どのような予想になるだろうか。筆者の知り合いの中国語母語話者からは「好（よい）」や「感謝（感謝する）」といった意見が多かった。また、ウェブ検索などでごく簡単に検索してみると、「好（よい）」「多（多い）」「少（少ない）」といった形容詞を使った例文が多く出現していた。

> **導入2** 日本語の「非常に」の後にどのような表現が生じるかを予想してみよう。また、実際に、「非常に」の後にどのような表現が生じているかを調べてみよう。

　それでは、日本語の「非常に」の後にはどのような表現が生じるだろうか。日本語母語話者が自分自身の内省を働かせて予想すると、どのような予想になるだろうか。筆者のゼミなどで学生に質問すると、「うれしい」「難しい」「困難」という意見が多かった。また、少納言を用いて『現代日本語書き言葉均衡コーパス』（BCCWJ）（ 付録2.1）で調べてみると、15,697件みつかった。実際の用例を確認すると、「巧み」「明確」「効果的」といった形容動詞、「つらい」

106　　　　　　　　第6章　対照言語学的分析

「古い」「多い」といった形容詞、「限定する」「熱望する」といった動詞に結び
ついていた。

導入 3　中国語の「非常」と日本語の「非常に」の後に生じる表現に違いがあるかどうかを予想してみよう。

　導入1と**導入2**でおこなった予想を簡単に比較してみよう。**導入1**では、
中国語では「好」や「感謝」、あるいは「多」「少」といった表現が結びつくこ
とを予想した。**導入2**では、日本語の場合は「うれしい」「難しい」「困難」
「巧み」「明確」「効果的」「つらい」「古い」「多い」「限定する」「熱望する」と
いった表現が結びつくことを指摘した。中国語の「非常」の後、日本語の「非
常に」の後には、同じような表現が生じるだろうか。それとも、異なる表現が
生じるだろうか。

例題 1　中国語の「非常」の後にどのような表現が生じるかを検証しよう。

　中国語のコーパスとしてよく使用されている『北京大学中国語コーパス』［現
代汉语语料库］（🔎付録2.1）を用いた分析をおこなう。データ作成の手順は以
下の通りである。

■ データ作成の手順
　（まず「非常」の直後に生じる1文字でおこない、それが終わったら2文字、3文字
でも同様の作業をおこなう。）
① 「北京大学中国語言学研究中心」の「在線資源」から「語料」に進み、『現
　代汉语语料库』を選択する。
② 検索画面が出てきたら「非常」を検索し、検索結果をダウンロード（下載）
　する（その際、「下載」の横の件数を多めに設定すること）。

③ Excel を立ち上げ、「ファイル」→「開く」→「デスクトップ」（ダウンロードしたデータがある場所）→ 右下の「すべての Excel ファイル」を「すべてのファイル」に変更し、当該のデータを開く。

④ 「非常」を含む列（A 列）をコピーして、「サクラエディタ」（🔍付録 3.1）に貼り付ける（ここで 1 行目に「1 文字」と書いておくと、後の作業の役に立つ）。

⑤ 「検索」→「置換」で「非常」の前後の［　］を消す。

　　置換前：［非常］　　置換後：非常

⑥ 「検索」→「置換」で「正規表現」にチェックを入れ、「非常」と直後の 1 文字のみにする（「非常」の後の「.」を 2 つにすると、「非常」と直後の 2 文字になる）。

　　置換前：^.*(非常 .).*　　置換後：$1

⑦ 「非常」を削除する。

　　置換前：非常　　置換後：

⑧ ⑦で処理したデータに名前をつけてデスクトップに保存する（その際に「文字コードセット」を「UTF-8」にする）。

⑨ Excel を立ち上げ、「開く」→「デスクトップ」→右下の「すべての Excel ファイル」を「すべてのファイル」に変更して⑧のファイルを開く。

⑩ 「ピボットテーブル」（🔍付録 5）を用いて頻度表を作成する。

　『北京大学中国語コーパス』を使って「非常」を検索した結果、93,065 件みつ

表 6.1 「非常」に結びつく表現

順　位	項　　目	件　数	順　位	項　　目	件　数
1	重要（重要だ）	5,910	11	严重（厳しい）	748
2	重视（重視する）	3,186	12	清楚（明らかだ）	679
3	好　（良い）	2,957	13	出色（素晴らしい）	665
4	高兴（うれしい）	2,666	14	高　（高い）	654
5	大　（大きい、大きな）	1,390	15	必要（必要だ）	646
6	满意（満足する）	923	16	复杂（複雑だ）	642
7	困难（困難だ）	911	17	关注（関心を持つ）	587
8	关心（関心を持つ）	833	18	感谢（感謝する）	577
9	喜欢（好きだ）	823	19	明显（はっきりしている）	553
10	成功（成功する）	755	20	危险（危険だ）	531

かった。そのデータをもとに上記の手順で頻度表を作成し、その頻度上位20語を集計したのが表6.1である。

■ 考 察

　1位は「重要（重要だ）」（5,910件）、2位は「重視（重視する）」（3,186件）、3位は「好（良い）」（2,957件）となっていた。

　表6.1をみればわかる通り、上位20項目のうち、1文字（1音節）の表現は「好」と「大（大きい、大きな）」のみで、残りの18項目は2文字（2音節）の表現となっている。「非常」が2文字（音節）で「2文字（音節）＋2文字（音節）」が音調的にもなじみやすいので、このような結果が生じているのだろう。

　品詞としては「重要」「好」「高興（うれしい）」「大」のような形容詞もあれば、「重視」や「満意（満足する）」のような動詞もある。意味的には、「高興」「満意」「喜欢（好きだ）」といった感情を表す表現とも結びついている。それだけ幅広い表現が生じているのが中国語の特徴といえる。

▌ 解 説

　データ（頻度表）のどこに注目するか　　先に示した**データ作成の手順**に基づけば、データ（頻度表）を作成すること自体はそれほど難しくない。ただ、そのデータのどこに注目すれば興味深い主張ができるのか、説得力のある議論につながるのかを判断することはかなり難しいのではないだろうか。

　中国語ではまず、文字数（音節数）に注目することが有効である。単に文字数を数えるだけなので、特徴をすぐに導き出しやすい。中国語では「2音節＋2音節」が音調的になじみやすいことがよく指摘されているので、まずはそのような特徴があるかどうかを探る必要がある。

　次に、動詞、形容詞、名詞といった品詞に着目することも重要である。品詞に着目することによって、動詞であれば動作・行為、形容詞や名詞であれば状態という意味的特徴に分析を進めることができる。

　その上で、さらに細かい意味的特徴に注目して、各項目を分類することも大切である。今回の考察であれば、表6.1から「高興」「満意」「喜欢」など、感情表現と結びつきやすいという意味的特徴を導き出したのがそれに該当する。

第6章　対照言語学的分析　　　　　109

　また、データのどこに注目するかについて、以下ではリサーチクエスチョンとして「非常」と否定との関係を深く掘り下げてみよう。

> **RQ 1**：中国語の「非常」の後にどのくらい否定表現が生じるかを検証しよう。

　中国語の「非常」の後に生じる否定表現について、データ作成の手順は以下の通りである。

■ データ作成の手順

① **例題 1** で作成した Excel ファイルの頻度表において、「行ラベル」の横のボタンを押す。
② 「ラベルフィルター」→「指定の値で始まる」を選択する。
③ 「「不」／「没」で始まる」と設定する。

　以上の手順で中国語の「非常」の後にどのくらい否定表現が生じるかを調査した。その結果、「不」から始まる否定表現は 1,924 件、「没」から始まる否定表現は 21 件出現していた。これは「非常」の総数（93,065 件）の約 2.1％に相当する。その頻度上位 10 語を集計したのが表 6.2 である。

　1 位は「不利（不利だ）」（197 件）、2 位は「不満（不満だ）」（143 件）、3 位は「不安（不安だ）」（126 件）となっていた。一語化されている「不利」、「不満」、「不安」だけでなく、一語化されているとは考えにくい「不好（よくない）」や「不容易（簡単でない）」「不同（同じでない）」などとも結びついてい

表 6.2　「非常」の後に生じる否定表現

順　位	項　目	件　数
1	不利（不利だ）	197
2	不満（不満だ）	143
3	不安（不安だ）	126
4	不錯（すばらしい）	123
5	不好（よくない）	118
6	不容易（簡単でない）	115
7	不同（同じでない）	104
8	不幸（不幸だ）	66
9	不満（不満だ）	49
10	不喜欢（好きでない）	43

110　　　　　　　　　第6章　対照言語学的分析

る。否定の「不」が入っているが実質的には肯定表現の「不错（すばらしい）」
が含まれているものの、約2.1%が否定表現となっている。この数字について
の詳細は**例題2**の**解説1**で述べるが、肯定と否定の割合について検討すること
も、データを分析する上で有効な観点となる。

例題2　日本語の「非常に」の後にどのような表現が生じるかを検証しよう。

　日本語のコーパスとして、ここではBCCWJを用いる。データ作成の手順は
以下の通りである。

■ データ作成の手順

① 「中納言」（🔍付録4.1）で『現代日本語書き言葉均衡コーパス通常版』を
　選択する。
② 「長単位検索」で、下記の検索をおこなう。
　（前方共起2）語彙素「非常」＋（前方共起1）語彙素「だ」and活用形が
　「連用形」＋（キー）未指定
③ ダウンロードしたデータをExcelで開き、ピボットテーブルを用いて頻度
　表を作成する。

　BCCWJを用いて「非常に」の後に生じる表現を検索した結果、16,120件み
つかった。上記の手順で頻度表を作成し、その頻度上位20語を集計したのが表
6.3である。

■ 考　察

　1位は「重要」、2位は「良い」と「大きな」となっていた。1位の「重要」
は中国語でも1位となっており、同じ表現が中国語と日本語の両方でトップに
なっているのは大変興味深い。また、2位の「良い」と「大きな」も中国語で
上位5位までに入る表現であり、上位の表現は中国語と日本語である程度共通
していることがわかる。

第6章　対照言語学的分析　　　*111*

表 **6.3**　「非常に」に結びつく表現

順 位	項 目	件 数	順 位	項 目	件 数
1	重要	696	12	厳しい	214
2	良い	469	13	困難	179
2	大きな	469	14	良く	144
4	多い	468	15	低い	138
5	高い	444	16	危険	128
6	難しい	433	17	大切	116
7	大きい	354	18	多く	111
8	強い	351	19	問題	106
9	少ない	267	20	複雑	103
10	悪い	250	20	長い	103
11	大事	246			

　しかし、中国語の2位であった「重視」にあたる「重視する」は日本語では18件しか出現せず、118位となっていた。それに関連して、日本語では形容詞、形容動詞が上位を占めるものの、動詞は上位20項目には生じていない。つまり、中国語ではさまざまな品詞が上位に生じるが、日本語では形容詞や形容動詞に偏っていることがわかる。

　また、中国語では「高興（うれしい）」「喜欢（好きだ）」「感謝（感謝する）」といった感情を表す表現が上位に生じていたが、日本語ではそのような表現は上位に生じていない。つまり、ある状態の程度を表すことが基本となっていることも「非常に」の大きな特徴の一つといえる。

▌解　説

　1. 中国語のデータと日本語のデータを比較することで初めてわかること　　ここまでの考察で、上位の表現は中国語と日本語である程度共通していること、中国語ではさまざまな品詞が上位に生じるが日本語では形容詞や形容動詞に偏っていること、中国語では感情を表す表現が上位に生じていたが日本語ではそのような表現は上位には生じないことを指摘した。これらはいずれも中国語のデータだけ、あるいは日本語のデータだけを眺めていてもわからず、2つの言語のデータを比較することによって初めてわかることである。

　このうち、中国語と日本語で共通していることはほかの言語にも当てはまる

112　　第6章　対照言語学的分析

可能性があるので、さらに別の言語との対照研究をおこなうと興味深い議論につながるかもしれない。たとえば、上位の表現は中国語と日本語である程度共通していたが、英語や韓国語といったほかの言語でも同様の表現が上位にくることが予想される（たとえば、英語の very の後にどのような表現がくるかを予想してもらいたい）。

　また、中国語と日本語で異なっていることは、その言語に独自の特徴によるものである可能性が高い。たとえば、中国語では感情を表す表現が上位に生じていたこと、および日本語では形容詞や形容動詞に偏っていることは、それぞれ中国語や日本語が持つ独自の特徴の一つであるかもしれない。そのような気づきが数多くできれば、中国語学や日本語学の研究に大きく貢献することができる。

　さらに、2つの言語を比較することは単に言語研究のみにとどまらず、教育の分野にも大きな貢献を果たすことができる。たとえば、日本語では「非常に」の後は形容詞や形容動詞に偏っていたが、もし中国語を母語とする日本語学習者がそのことを知らなければ、「非常に満足しました」や「非常に感謝します」といった表現を作り出してしまう可能性もある。これらの表現は誤用とはいえないものの、日本語母語話者が普段使わないような表現である。2つの言語を比較し、それぞれの特徴を導き出すことによって、誤用や母語話者が普段使わないような表現を防ぐことができる。そのため、2つの言語を比較することは教育の分野に貢献できるのである。

　ここで**例題 1** と同様に、以下のリサーチクエスチョンを立てることとしよう。

RQ 2：日本語の「非常に」の後にどのくらい否定表現が生じるかを検証しよう。

　RQ 1 で中国語の「非常」の後にどのくらい否定表現が生じるかを検証したが、ここでは日本語の「非常に」の後にどのくらい否定表現が生じるかを検証する。

■ データ作成の手順
① 「中納言」で『現代日本語書き言葉均衡コーパス通常版』を選択する。
② 「長単位検索」で、下記の2種類の検索をおこなう。

（ア）（キー）語彙素「非常」＋（後方共起1）語彙素「だ」and 活用形が
「連用形」＋（後方共起4語以内）語彙素「でない」

（イ）（キー）語彙素「非常」＋（後方共起1）語彙素「だ」and 活用形が
「連用形」＋（後方共起4語以内）語彙素「ない」

③　ダウンロードしたデータを Excel で開き、ピボットテーブルを用いて頻度
表を作成する。

　上記の手順で日本語の「非常に」の後にどのくらい否定表現が生じるかを調
査した。その結果、否定表現は 33 件しか出現していなかった（（ア）「でない」
が 4 件、（イ）「ない」が 29 件（そのうち 6 件が「つまらない」）となってい
た）。これは「非常に」の総数（16,120 件）の約 0.2％に過ぎない。**RQ 1** で中
国語の「非常」と否定との関係を観察したが、「非常」の後に生じる否定表現は
約 2.1％であった。日本語の「非常に」の後に生じる否定表現はその約 10 分の
1 となっており、ほとんど結びつかないことがわかる。言い換えると、日本語
の「非常に」の後はほとんどが肯定表現となっているのである。

　その理由であるが、日本語では「全く」「全然」「あまり」「大して」「めった
に」といった否定と呼応する表現が充実していることが考えられる。「非常にお
もしろくない」や「非常にうまくいかなかった」という言い方よりも「全くお
もしろくない」や「全然うまくいかなかった」という言い方があるので、「非常
に」の後に否定表現が生じにくいのであろう。

　先にも述べたように、以上のことは 2 つの言語を比較することによって初め
て理解できることである。また、このことは教育の分野にも応用することがで
きる。たとえば、日本語学習者コーパスである『KY コーパス』（🔎付録 2.1）
で「非常に」を検索したところ、ある学習者が「非常に許せない」という表現
を使用していた。「非常に許せない」という表現は誤用とまではいえないもの
の、日本語母語話者からするとしっくりこない表現といえる。「非常に」の後に
「ない」を用いた否定表現が生じにくいことを事前に教えておけば、そのような
表現の産出を未然に防ぐことができるのである。

**　2.　コロケーションに注目することの意義**　　ここまでのところ、中国語の「非
常」と日本語の「非常に」の後にどのような表現が生じるのかを観察してきた。

ある表現がほかの表現と共起することをコロケーションと呼ぶが、ここではコロケーションに注目することの意義を考えたい。

　従来、中国語と日本語の対照研究では、意味的に対応する中国語と日本語の語彙や文法形式をとりあげ、その詳細な意味や文法的ふるまいの異同を扱うものがほとんどであった。たとえば、中国語と日本語で同じ漢字を使う同形語を扱い、それぞれの意味が本当に同じかどうかを分析したもの、あるいは中国語の「着」と日本語の「ている」をとりあげ、それぞれの用法が実際に対応しているかどうかを比較したものなどがそれにあたる。たしかにそのような分析も必要であるし、有効な分析でもあるが、ややもすると母語話者の内省のみに基づく分析となり、客観的なデータが示されず、主観的な分析に陥ることも考えられる。できるだけ客観的なデータを示しながら、それらの分析をおこなう必要もあるのではないだろうか。

　そこで提案したいのがコロケーションに注目することである。意味的に対応する中国語と日本語の語彙・文法形式がどのようなコロケーションをとるのかに注目することで新たな研究の可能性も生み出される。

　まず、コロケーションを調べることで中国語の類義語分析が可能となる。今回の分析では「非常」をとりあげたが、似たような意味を持つものとして、「很（とても）」や「好（とても）」「最（もっとも）」などがあげられる。「非常」とこれらの表現との違いを分析する場合、それぞれの表現が結びつくコロケーションを調査することもおもしろい。

　また、コロケーションを教育の分野に応用することも可能であり、日本語教育ではすでにそのような研究がおこなわれている。たとえば中俣（2014）では、初級の文法項目について、前にくる動詞や後ろの形、使用されるジャンルなどが明らかにされており、現場の日本語教師にとって有益な情報が数多く分析されている。また中俣編（2017）では、中上級に出てくる表現について同様の分析がおこなわれており、コーパスから得られたコロケーションの情報を例文作りに活かすことが主張されている。中国語教育でもコロケーションの情報を用いることで、現場の中国語教師にとって有益な情報を提示することができ、より自然な中国語の例文作りが可能となる。

第 6 章　対照言語学的分析　　　　　　　　　*115*

例題 3　中国語の「V 慣」「V 不慣」にどのような動詞が結びつくかを検証しよう。

　例題 1 では程度副詞の「非常」をとりあげたが、以下では複合動詞の「V 慣」「V 不慣」をとりあげる。複合動詞の「V 慣」「V 不慣」は肯定表現、否定表現に関して興味深い特徴を持っている。

　ここでも『北京大学中国語コーパス』を用いた分析をおこなう。データ作成の手順は以下の通りである。

■ データ作成の手順
　（まず「慣」でおこない、それが終わったら同様の作業を「不慣」でもおこなう。）

① 「北京大学中国語言学研究中心」の「在線資源」から「語料」に進み、『現代漢語語料庫』を選択する。

② 検索画面が出てきたら、「慣」を検索し、検索結果をダウンロード（下載）する（その際、「下載」の横の件数を多めに設定すること）。

③ Excel を立ち上げ、「ファイル」→「開く」→「デスクトップ」（ダウンロードしたデータがある場所）→ 右下の「すべての Excel ファイル」を「すべてのファイル」に変更し、当該のデータを開く。

④ 「慣」を含む列（A 列）をコピーして、サクラエディタに貼り付ける（ここで 1 行目に「1 文字」と書いておくと、後の作業の役に立つ）。

⑤ 「検索」→「置換」で「慣」の前後の［　］を消す。
　　置換前：［慣］　　置換後：慣

⑥ 「検索」→「置換」で「正規表現」にチェックを入れ、「慣」と直前の 1 文字のみにする（「慣」の前の「.」を 2 つにすると、「慣」と直前の 2 文字になる）。
　　置換前：^.*(.慣).*　　置換後：$1

⑦ 「慣」を削除する。
　　置換前：慣　　置換後：

⑧ ⑦で処理したデータに名前をつけてデスクトップに保存する（その際に

116　　　　　　　　　　　第6章　対照言語学的分析

　「文字コードセット」を「UTF-8」にする）。

⑨　Excel を立ち上げ、「開く」→「デスクトップ」→右下の「すべての Excel
　　ファイル」を「すべてのファイル」に変更して⑧のファイルを開く。

⑩　「ピボットテーブル」を用いて頻度表を作成する。

　『北京大学中国語コーパス』を使って、「V慣」を検索した結果、36,049件み
つかった。また、「V不慣」を検索した結果、886件みつかった。そのデータを
もとに上記の手順で作成したそれぞれの頻度表を統合した。その頻度上位10語
を集計したのが表6.4である。

表6.4　「V慣」と「V不慣」に結びつく動詞

順 位	項 目	件 数	順 位	項 目	件 数
1	看（見る）	240	1	看（見る）	498
2	听（聞く）	157	2	吃（食べる）	74
3	过（過ごす）	143	3	过（過ごす）	48
4	吃（食べる）	104	4	住（住む）	24
5	用（使う）	95	5	听（聞く）	23
6	住（住む）	57	6	喝（飲む）	15
7	做（する）	40	7	用（使う）	11
8	说（話す）	27	8	瞧（見る）	8
8	走（歩く）	27	9	穿（着る）	6
10	打（殴る）	21	9	闻（嗅ぐ）	6

（V慣：左列、V不慣：右列）

■ 考　察

　「V慣」の1位は「看（見る）」、2位は「听（聞く）」、3位は「过（過ご
す）」、「V不慣」の1位は「看（見る）」、2位は「吃（食べる）」、3位は「过
（過ごす）」となっていた。1位はどちらも「看」であるが、「看慣（見慣れる）」
よりも「看不慣（見慣れない）」の方が2倍以上も使用頻度が高い。つまり、中
国語の「看」という動詞は、「看慣」という肯定形よりも「看不慣」という否定
形の方が使われやすいということになる。

　また、「V慣」と「V不慣」の上位10語を比較すると、「看」「听」「过」
「吃」「用（使う）」「住（住む）」という6語が共通しており、上位にくる語は肯
定、否定のどちらもある程度共通することがわかる。

第6章　対照言語学的分析　　　*117*

■ 解　説

1.　中国語で正規表現を用いる際の注意点　　例題 1 と例題 3 で正規表現を用いて中国語の分析をおこなったが、正規表現を用いた中国語の分析は、結局のところ、ある表現の前後に生じる文字列を抜き出すだけである。したがって、そこには本来必要な表現だけでなく、数多くのゴミ（不要な表現）も含まれている。正規表現を用いた中国語の分析は簡単に頻度表を作成できる場合もあるが、実際にはそれほど簡単に作成できない場合もある。数多くのゴミを一つずつ丁寧に観察して取り除くこと必要な場合もある。

　たとえば、表 6.4 を作成する際に「生（生まれる）」や「見（見る）」という動詞も出てきたが、それらは「娇生惯养（甘やかされて育つ）」や「司空见惯（見慣れてしまうと少しも珍しくない）」という四字熟語の一部であり、ゴミとして取り除いている。

　Excel のピボットテーブルを用いて頻度表を作成すること自体は難しいことではないが、調査する表現によってはデータを一つ一つ目視することが必要となる場合もある。最終的には地道な努力が必要な場合もあることを念頭に入れておきたい。

2.　さまざまな表現への応用可能性とその限界　　例題 1 では程度副詞「非常」、例題 3 では複合動詞「V 惯」「V 不惯」を扱ったが、正規表現を用いた中国語の分析はある表現の前後に生じる文字列を抜き出すものなので、さまざまな表現に応用できる。つまり、ある表現の前後に生じる文字列であれば、取り出す文字数も自由に変えられ、共起関係をじっくり分析することができるのである。その反面、正規表現を用いても分析しにくいこともある。ここでは、正規表現を用いて分析しやすいことと分析しにくいことについて述べていく。

　正規表現を用いた中国語の分析はある表現の前後に生じる文字列を抜き出すものなので、コロケーションを調査するのには適している。今回の分析でとりあげた程度副詞や複合動詞だけでなく、ほかの表現にも応用できるため、正規表現を用いた中国語の分析は形式に関するものであれば分析をおこないやすいといえる。

　一方、意味に関する分析はおこないにくい。具体的には、複数の用法を持つ

表現はその用例を一つ一つ観察しなければならないので非常に手間がかかる。たとえば、中国語の可能を表す助動詞「会」に興味を持ち、どのような動詞と結びついているのかを調査したいとしよう。その際、正規表現を使えば簡単に「会」と結びつく動詞が導き出せる。しかし、「会」には「できる」という可能の意味だけでなく、「〜だろう」という可能性を表す用法もある。「会」と結びつく動詞が可能を表すのか、それとも可能性を表すのかは正規表現で調査するだけではわからない。実際の用例を一つ一つみることでしか判断できないので、非常に労力を伴う。

また、ある表現から離れた位置に生じる表現の分析はしにくい。たとえば、日本語の「〜するとすぐ」に対応する表現として、中国語には「一…就」という表現があるが、「一」と「就」の間に生じる表現の分析はしにくい。そのほかにも、日本語の「〜のだ」に相当するものとして、「…是〜的」という表現があるが、「是」の前後に生じる表現を分析するのも難しいといえる。

いずれにしても、自分自身が興味を持った表現が正規表現を用いた中国語の分析でできるのかどうか、取り組みやすいのかどうかをしっかり見極めた上で、分析を始めるのが望ましい。

例題 4 日本語の「V 慣れる」と「V 慣れない」にどのような動詞が結びつくかを検証しよう。

次に、「V 慣れる」と「V 慣れない」に結びつく動詞に関する分析を進める。データ作成の手順は以下の通りである。

■ データ作成の手順
① 「中納言」で『現代日本語書き言葉均衡コーパス通常版』を選択する。
② 「短単位検索」で、下記の2種類の検索をおこなう。
　（ア）（キー）品詞の大分類が「動詞」＋（後方共起1）語彙素「慣れる」
　（イ）（キー）品詞の大分類が「動詞」＋（後方共起1）語彙素「慣れる」
　　　＋（後方共起2）語彙素「ない」

第6章　対照言語学的分析　　　　　*119*

③　ダウンロードしたデータを Excel で開き、「ピボットテーブル」を用いて頻
　　度表を作成する。

　「V 慣れる」「V 慣れない」に結びつく動詞について検索した結果、「V 慣れ
る」は 781 件、「V 慣れない」は 208 件みつかった。上記の手順で作成したそれ
ぞれの頻度表を統合した頻度表を作成した。その頻度上位 10 語程度を集計した
のが表 6.5 である。

■ 考　察
　「V 慣れる」の 1 位は「見る」、2 位は「住む」、3 位は「使う」、「V 慣れな
い」の 1 位は「見る」、2 位は「聞く」、3 位は「使う」となっていた。
　表 6.5 をみればわかる通り、「V 慣れる」の 2 位「住む」や 5 位「通う」は
「V 慣れない」には出てきていない。つまり、「住み慣れる」や「通い慣れる」
は使われるが、「住み慣れない」や「通い慣れない」はほとんど使われていない
ことがわかる。
　また、「V 慣れる」という肯定形式と「V 慣れない」という否定形式の割合を
比べてみると、「見る」は約 3：1、「使う」は約 6：1、「聞く」は約 1.3：1、

表 6.5　「V 慣れる」と「V 慣れない」に結びつく動詞

順　位	項　目	件　数	順　位	項　目	件　数
\multicolumn{3}{c}{V 慣れる}			\multicolumn{3}{c}{V 慣れない}		
1	見る	336	1	見る	111
2	住む	133	2	聞く	43
3	使う	67	3	使う	11
4	聞く	57	4	乗る	7
5	通う	26	5	着る	4
6	食べる	15	5	扱う	4
7	着る	13	7	言う	3
8	履く	12	8	為る	2
9	飲む	9	8	買う	2
10	嗅ぐ	8	8	読む	2
10	歩く	8	8	歩く	2
10	読む	8	8	行く	2
13	扱う	7	8	飲む	2
			8	食べる	2
			8	書く	2

「食べる」は 7.5：1 の割合となっている。中国語の「看慣（見慣れる）」と「看不慣（見慣れない）」のように肯定形式と否定形式の割合が逆転することはないものの、日本語でも動詞によって肯定形式で使われやすいもの、否定形式でも使われるものがあるということがわかる。

さらに、中国語で 3 位になっていた「过（過ごす）」は日本語では上位にくる動詞ではないこともわかる。

▌解　説

1. それぞれの言語に合った分析方法　　本章では、中国語の分析では正規表現、日本語の分析では「中納言」を使用したが、それぞれの言語に合った分析手法を使うことが大切である。日本語では、「中納言」という有効なツールが構築されているので、それを用いることによってある表現と共起する表現を簡単に調査することができる。

一方、中国語には日本語の「中納言」のようなツールが存在しないので、正規表現を使った分析が有効となる。中国語は孤立語とされ、屈折変化（活用）をしない言語と位置づけられている。形態が変化（活用）しない言語は簡単に文字列を検索することができるため、中国語では正規表現を使った分析が有効となるのである。

また、形態が変化（活用）する日本語では、たとえば**発展 1** で扱う「発生する」を文字列で検索する場合、「発生さ／し／す／せ」など、何度も検索をおこなわなければならない。しかし、中国語は形態が変化（活用）しないため、文字列「发生」を 1 度検索するだけでその単語を検索したことになる。

中国語と日本語を比較する場合、どのようなことを主張したいのか、その目的に合わせた分析方法を採用することが大切になってくる。

演 習 1　日本語の名詞「発生」と中国語の名詞「发生」に結びつく名詞に違いがないかどうかを検証しよう。

まず、日本語の「発生」に結びつく名詞であるが、ある条件 [web] を入力す

ると、表6.6ができあがる。

表6.6　日本語の名詞「発生」に結びつく名詞

	名　詞	件　数		名　詞	件　数
1	事故	46	11	事態	13
2	災害	44	11	結果	13
3	損害	27	13	廃棄物	12
4	癌	24	13	危害	12
5	被害	23	15	交通事故	11
5	火災	23	15	スパイクタイヤ粉塵	11
7	地震	22	15	悪臭	11
8	事件	21	18	問題	10
9	犯罪	17	18	赤潮	10
9	公害	17	20	黴	9

　山崎（2016）でも指摘されているし、表6.6からもわかるように、「発生」に結びつく名詞は圧倒的に悪い意味やマイナス評価の名詞となっている。「発生」は「物事が起こること」という意味を表すとされるが、実際には悪い意味やマイナス評価の名詞に偏る傾向が強いのである。それでは、このような傾向は中国語にも当てはまるのだろうか。

　中国語の名詞「発生」に結びつく名詞であるが、ある作業 (web) をおこなうと、表6.7ができあがる。

表6.7　中国語の名詞「発生」に結びつく名詞

	名　詞	件　数		名　詞	件　数
1	事件（事件）	678	11	悲剧（悲劇）	72
2	事故（事故）	571	12	战争（戦争）	53
3	现象（現象）	294	13	火灾（火災）	51
4	疫病（疫病）	206	14	犯罪（犯罪）	50
5	行为（行為）	163	15	结果（結果）	48
6	案件（裁判事件）	152	16	染病（病気）	42
7	问题（問題）	110	17	疫情（疫病発生の状況）	40
8	情况（状況）	94	18	活动（活動）	39
9	事情（事・事柄）	92	19	危机（危機）	38
10	灾害（災害）	80	20	灾难（災難）	35

1位の「事件（事件）」、2位の「事故（事故）」など、上位にくる多くの名詞はやはり悪い意味やマイナス評価の名詞である。しかし、3位の「現象（現象）」、5位の「行為（行為）」、8位の「情況（状況）」、9位の「事情（事・事柄）」など、必ずしも悪い意味やマイナス評価とはいえない名詞も結びついている。つまり、中国語の名詞「发生」は悪い意味やマイナス評価を持つ名詞にも結びつくが、日本語の名詞「発生」ほどの偏りはないということになる。

演習 2 日本語の「～たばかりだ」とそれに対応する中国語の「剛」「剛剛」にはどのような動詞が結びつくかを検証しよう。また、中国語の「剛」と「剛剛」では、結びつく動詞に違いがあるかどうかを検証しよう。

　これまでは中国語と日本語で同形のものばかりを扱ってきたが、それ以外にも分析が可能である。ここでは、直後を表す日本語の「～たばかりだ」とそれに対応する中国語の「剛」「剛剛」をとりあげる。

　日本語の「～たばかりだ」や中国語の「剛」「剛剛」に結びつく動詞について、ある調査 (web) をおこなってみると、表 6.8 ～ 表 6.10 のような結果になった。

表 6.8 直後を表す「～たばかりだ」に結びつく動詞

	動　詞	件　数		動　詞	件　数
1	来る	297	11	過ぎる	46
2	なる	262	12	終わる	44
3	生まれる	205	13	返る	39
4	始まる	176	13	着く	39
5	始める	132	13	結婚する	39
6	出る	93	16	終える	38
7	買う	88	17	会う	32
8	入る	77	18	知り合う	31
9	する	63	19	聞く	30
10	出来る	61	19	卒業する	30

第 6 章　対照言語学的分析　　*123*

表 6.9　「剛」に結びつく動詞

	動　詞	件　数		動　詞	件　数
1	开始（始まる）	1,236	11	出生（生まれる）	219
2	过（過ぎる）	1,146	12	成立（創立する・誕生する）	206
3	到（到着する）	924	13	进（入る）	164
4	说（話す・言う）	644	14	回（戻る）	160
5	满（（年齢に）なる）	478	15	参加（参加する）	157
6	来（来る）	437	16	买（買う）	151
7	报道（報道する）	433	17	起步（歩き出す・着手する）	146
8	走（歩く）	367	18	毕业（卒業する）	137
9	结束（終わる）	351	19	上任（着任する）	133
10	落（落ちる・下がる）	303	20	进入（入る）	126

表 6.10　「剛剛」に結びつく動詞

	動　詞	件　数		動　詞	件　数
1	结束（終わる）	2,207	11	参加（参加する）	214
2	开始（始まる）	1,198	12	说（話す・言う）	180
3	起步（歩き出す・着手する）	827	13	通过（通過する）	156
4	过去（過ぎる）	688	14	出版（出版する）	131
5	走（歩く）	360	15	发生（発生する）	130
6	闭幕（閉幕する）	358	16	抵达（到着する）	128
7	成立（創立する・誕生する）	253	17	离开（離れる）	120
8	获得（得る）	251	18	出现（出現する）	113
9	进入（入る）	223	19	建立（建てる）	105
10	完成（完成する）	221	20	恢复（回復する）	102

　日本語の直後を表す「～たばかりだ」が結びつく動詞は出現や変化といった意味を表すという特徴がある。たとえば、「来る」「出る」「入る」「返る」「着く」は位置変化、「なる」「生まれる」「始まる」「始める」「終わる」「結婚する」「終える」「卒業する」は状態変化を表している。

　中国語の「剛」が結びつく動詞は「満（（ある年齢に）なる）」「来（来る）」「結束（終わる）」など、直後を表す「～たばかりだ」が結びつく動詞と同じように、出現や変化といった意味を表す動詞が上位にきている。直後を表す「～たばかりだ」が結びつく動詞と異なるのは、「説（話す・言う）」や「報道（報道する）」といった発言に関する動詞が上位にくることである。また、「成立

（創立する・誕生する）」「参加（参加する）」「介紹（紹介する）」といった動詞が上位にくることも、直後を表す「〜たばかりだ」にはみられない特徴である。

　「剛」が結びつく動詞と「剛剛」が結びつく動詞を比べてみると、「剛」の1位の「开始（始まる）」は「剛剛」では2位で件数もほぼ同じであるのに対して、「剛剛」の1位の「結束（終わる）」は「剛」では9位で件数は6分の1以下になっている。つまり、「开始」は「剛」と「剛剛」のどちらにも結びつきやすいのに対して、「結束」は主に「剛剛」と結びつきやすいということになる。また、「剛剛」は「走（歩く）」と「説」以外は2音節の動詞と結びついているのに対して、「剛」は半分が1音節の動詞と結びついている。「剛剛」が2音節で、「2音節＋2音節」が音調的にもなじみやすいので、このような特徴が出ているのであろう。

発展 1　中国語の動詞「发生」と日本語の動詞「発生する」では、主語に生じる名詞に違いがないかどうかを検証しよう。また、中国語の動詞「发生」の主語に生じる名詞と名詞「发生」に結びつく名詞に違いがないかどうか、日本語の動詞「発生する」の主語に生じる名詞と名詞「発生」に結びつく名詞に違いがないかどうかも検証しよう。

発展 2　日本語の複合動詞「V終わる」と「V終える」は類義語とされるが、結びつく動詞に違いがないかどうかを検証しよう。また、中国語の「V完」が結びつく動詞は「V終わる」に似ているか、それとも「V終える」に似ているか、どちらに似ているかも検証しよう。さらに、「V終わらない」「V終えない」「V不完」が結びつく動詞に特徴がないかどうかも検証しよう。

第6章　対照言語学的分析　　　*125*

···・·コラム1·····

コーパスを使った対照研究

　中国語と日本語の対照研究は以前から盛んにおこなわれてきた。本文中でも記述したが、従来の中国語と日本語の対照研究は意味的に対応する中国語と日本語の語彙や文法形式をとりあげ、その詳細な意味や文法的ふるまいの異同を扱うものがほとんどであった。たしかにそのような研究手法は取り組みやすく、さまざまなテーマで分析ができるので、これまで盛んにおこなわれてきたのであろう。

　しかし、現在は中国語、日本語のいずれも大規模なコーパスが作成されつつある。日本人研究者による中国語研究でコーパスが用いられることもあるが、それは研究者自身の内省が働かない部分に対する例文の補強や裏づけのための利用であった。つまり、ある例文が非文法的なのか、それとも文法的で問題なく使用できるのかを判断するためにコーパスが利用されてきたのである。

　もちろん、そのような形でコーパスを使用することに異論はない。ただし、そのほかにもコーパスを利用した研究が進んでもよいのではないだろうか。

　そこで、提案したのがコロケーションに注目した中国語と日本語の対照研究である。管見の限りでは、そのような分析は杉村（2014）や郭（2015）以外にはおこなわれていない。先にも触れたが、意味的に対応する中国語と日本語の語彙・文法形式がどのようなコロケーションをとるのかに注目した分析をおこなうことによって、コーパスを使った対照研究が可能となる。

···・·コラム2·····

さまざまな中国語のコーパス

　中国語のコーパスとして『北京大学中国語コーパス』をとりあげた。『北京大学中国語コーパス』は北京大学中国語言語学研究センター（Center for Chinese Linguistics PKU）によって開発されたものである。利用者は検索結果を左右の長さや表示順など、指定された方式で表示でき、検索結果をテキストファイルとしてダウンロードすることもできる。『北京大学中国語コーパス』の総字数は7億8346万3175字であり、そのうち現代中国語の総字数は5億

8179万4456字である。

そのほかに簡単に利用できるコーパスとして、『北京語言大学中国語コーパス』[BCC語料庫]があげられる。『北京語言大学中国語コーパス』は北京語言大学によって開発されたものであり、総字数は150億字である。内訳は、新聞・雑誌が20億、文学作品が30億、Twitter（微博）が30億、科学技術が30億、総合が10億、古代漢語が20億など、多くの領域の文章を含んだ大規模なコーパスとなっている。『北京語言大学中国語コーパス』が興味深いのは、それぞれのジャンルでデータをダウンロードできることにある。たとえば、Twitter（微博）で「非常」に結びつく表現を調査すると、表6.11のようになる。

表6.11 「非常」に結びつく表現（Twitter）

順 位	項 目	件 数	順 位	項 目	件 数
1	幸运（幸運だ）	961	11	干净（きれいだ）	143
2	好（良い）	952	12	容易（簡単だ）	106
3	完美（完璧だ）	516	13	值得（〜する値打ちがある）	105
4	喜欢（好きだ）	471	14	不好（よくない）	91
5	不错（正しい）	411	15	好听（聞きよい、素晴らしい）	88
6	可爱（可愛い）	253	16	好吃（美味しい）	87
7	好看（美しい）	244	17	好用（使いやすい）	80
8	大（大きい、大きな）	184	18	丰富（豊かだ）	77
9	实用（実用的だ）	166	18	困难（困難だ）	77
10	不俗（あか抜けている）	153	20	具有（持つ）	75

表6.11と表6.1を比べてみると、かなり違いがあることがわかる。さまざまなコーパスを用いてある表現を分析することが望ましいが、そのコーパスの特性とあわせた特徴を考慮に入れた分析をおこなってもらいたい。

参 考 文 献

郭敏（2015）「コーパスに基づく日中副詞「絶対」と“絶対”の対照研究」、『第7回コーパス日本語学ワークショップ予稿集』、147-156

杉村泰（2014）「日本語の「V1-慣れる」と中国語の“V1-慣”の対照研究」、『中国語話

者のための日本語教育研究』5、62-72

中俣尚己（2014）『日本語教育のための文法コロケーションハンドブック』、くろしお出版

中俣尚己（編）山内博之（監修）（2017）『現場に役立つ日本語教育研究5　コーパスから始まる例文作り』、くろしお出版

山崎誠（2016）「コーパスが変える日本語の科学—日本語研究はどのように変わるか—」、『日本語学』**35**(13)、12-17

付　録
コーパス利用の基礎

岩田一成

1. 構成

　一般に電子化された言語資料の集まりをコーパスと呼ぶが、この付録ではそのコーパスを使った分析に関するツールを紹介していきたい。初心者を想定しているので、最初に大きな枠組みを説明する。コーパスの中から必要な情報を取り出す際、文字列検索と形態素解析経由の検索の2つがある。前者は知りたい言葉を直接検索するGoogle検索のようなものである。後者の形態素解析とは文書を品詞ごとに分解することで、それをおこなうと品詞を指定して検索することが可能になる。たとえば、「助動詞：ます」と指定して助動詞で使われている「ます」だけを検索することができるようになる。どちらの検索をおこなっても、出力された結果をExcelなどで分析することになる。

　コーパスに文字列検索をセットにして公開しているのが「少納言」で、コーパスに形態素解析経由の検索をセットにして公開しているのが「中納言」である。公開され

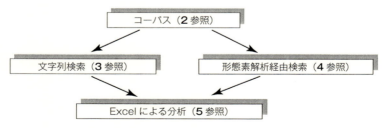

図1　コーパス分析の大枠と本付録の見取り図

ている各種コーパスについては**2**で扱い、「少納言」・「中納言」の搭載コーパスもそこで解説する。なお、文字列検索には、シンプルに単語を探すものと、正規表現という技術を使って効率的に検索するものがある。これらはフリーのツールがいろいろあるので、**3**で詳しく説明する。形態素解析経由の検索については**4**で、Excelによる分析方法は**5**で紹介したい。最後に**6**で日本語教育分野とコーパス研究との関連性を論じる（図1）。

2. コーパス

　本書ではさまざまなコーパスが使用されているが、ここではそれらをまとめて説明したい。

2.1　コーパス紹介
　第6章でおこなったようにインターネット上にあるデータ自体をコーパスとして検索すること（例：Google検索）も可能であるが、ここでは本書で出てきたコーパスをとりあげて解説する。以下がその一覧である。なお、『YNU書き言葉コーパス』以外はすべてインターネット上で無料公開されている。

- 『現代日本語書き言葉均衡コーパス』（BCCWJ）（第3章・第6章）
- 『名大会話コーパス』〈中納言版・茶漉版〉（第4章）
- 『名大会話コーパス』〈ダウンロード版〉（第4章）
- 『多言語母語の日本語学習者横断コーパス』（I-JAS）（第4章）
- 『KYコーパス』（第4章・第6章）
- 『日本語学習者会話データベース』（第4章）
- 『日中Skype会話コーパス』（第4章）
- 『YNU書き言葉コーパス』（YNUコーパス）（第5章）
- 『北京大学中国語コーパス』［現代汉语语料库］（第6章）

・**『現代日本語書き言葉均衡コーパス』**（BCCWJ）：　日本語の書き言葉を分析する際に使われている最も代表的なコーパス。「書籍全般」「雑誌全般」「新聞」「白書」「ブログ」「ネット掲示板」「教科書」「法律」といった各ジャンル（レジスター）から1億

430万語のデータを集めている。各ジャンルはランダムサンプリングをおこなっている。検索ツールとセットでオンライン公開されている「少納言」（登録不要）・「中納言」（要登録）に加え、DVDデータを購入すればオフラインでも使用ができる。〈URL：http://pj.ninjal.ac.jp/corpus_center/bccwj/〉

- **『名大会話コーパス』**：　日本語による雑談を録音して文字化したコーパス。コーパス名の通り名古屋大学の教員と大学院生が中心で、本人達同意の上、会話を録音している。録音時間は合計約100時間である（藤村ほか、2011）。データの公開方法はこれまで変遷があるが、現段階では文字化全データのダウンロードができる（2017年12月現在）。またウェブ上での利用も可能であり、「中納言」（要登録）、「茶漉」（登録不要）といったサイトで検索ができる。〈URL：http://mmsrv.ninjal.ac.jp/nucc/〉

- **『多言語母語の日本語学習者横断コーパス』**［International Corpus of Japanese as a Second Language］（I-JAS）：　日本語学習者の話し言葉と書き言葉を集めたコーパス。異なった12言語を母語とする日本語学習者1000人のデータを公開する予定であるが、現在第二次データまでの450名分が公開中（2017年12月現在）。母語別・言語活動ごとにデータが整理されており、「中納言」（要登録）で検索ができる。〈URL：http://lsaj.ninjal.ac.jp/?cat=3〉

- **『KYコーパス』**：　「KY」とは、コーパスの制作に関わった鎌田修氏と山内博之氏のイニシャルである。学習者の日本語発話を集めたコーパスで、インタビュー形式の会話能力テストであるOPI（oral proficiency interview）をデータ化したもの。90人分のOPIデータは、中国語、英語、韓国語を母語とする者が各30人ずつあり、その30名はOPIの判定結果がそれぞれ、初級5人、中級10人、上級10人、超級5人ずつとなっている。このように母語と判定結果のバランスが整っているコーパスである。ウェブサイト〈http://www.opi.jp/shiryo/ky_corp.html〉で申し込めば山内氏からデータを送ってもらえる。また、『KYコーパス』については、品詞や意味分類のタグを付与した「タグ付きKYコーパス」がウェブサイト上で公開されている。〈URL：http://jhlee.sakura.ne.jp/kyc/corpus/〉

- **『日本語学習者会話データベース』**：　『KYコーパス』と同じくOPIデータを使ったコーパスである。『KYコーパス』のように母語別・判定結果別にデータ数の整理が

なされているわけではないが、文字化して公開しているデータ数が 339 件と多い。このうち 215 件は音声を聞くこともできる。学習者の母語も「ベンガル語」「ウズベク語」「ミャンマー語」などといったさまざまなものが収録されている。ウェブサイトが整備されているため、分析したい対象者を簡単に検索することができ、ダウンロードもすぐにできるといった長所がある。〈URL：https://nknet.ninjal.ac.jp/kaiwa/〉

• 『日中 Skype 会話コーパス』：　Skype 会話交流活動に参加した日本人学生と中国人日本語学習者の会話データを文字化したコーパス。のべ 9 ペアが関わっている 38 会話を文字化して公開している。このやりとりは、OPI のように学習者の会話能力を測定するのが目的ではなく、日中両学生の自然な交流が目的であり、真正性の高いコーパスであるといえる。データは簡単な登録をすれば無料でダウンロードできる。〈URL：http://nakamata.info/database.html〉

• 『YNU 書き言葉コーパス』（YNU コーパス）：　日本人・日本語学習者によるタスクベースの書き言葉を集めたコーパス。日本人大学生 30 名、中国語母語話者 30 名、韓国語母語話者 30 名による 12 のタスクが収録されている。レイティングがついているところがポイントで、非母語話者の作文は上位群、中位群、下位群の 3 グループに分けられている。なお、「YNU」とはこのプロジェクトを実施した母体である横浜国立大学のことである。書籍（金澤編、2014）を購入すれば CD がついており利用できる。

• 『北京大学中国語コーパス』［现代汉语语料库］：　北京大学中国语言中心（Center for Chinese Linguistics PKU）による中国語検索のためのコーパス。大学のウェブサイトで検索ができるようになっている。语料库（語料庫：コーパス）から现代汉语语料库（現代語）、古代汉语语料库（古代語）などを選択し検索をおこなう。本書で使用したのは現代語版で、コーパスデータは、口語・文学・映画・芸能・インターネット情報・翻訳作品など広範囲にわたる。〈URL：http://ccl.pku.edu.cn/corpus.asp〉

2.2　コーパスのタイプ

コーパスには『現代日本語書き言葉均衡コーパス』（BCCWJ）のように検索結果だけが表示され本文の中身が直接読めない内容確認難解系と、『YNU コーパス』のよう

にテキストファイルになっており本文を直接読める内容確認可能系がある。こういった視点でコーパスのタイプを分類してみると以下のようになる。

内容確認難解系
- 『現代日本語書き言葉均衡コーパス』（BCCWJ）
- 『名大会話コーパス』〈中納言版・茶漉版〉
- 『多言語母語の日本語学習者横断コーパス』（I-JAS）
- 『北京大学中国語コーパス』［現代汉语语料库］

内容確認可能系
- 『名大会話コーパス』〈ダウンロード版〉
- 『KY コーパス』
- 『日本語学習者会話データベース』
- 『日中 Skype 会話コーパス』
- 『YNU 書き言葉コーパス』（YNU コーパス）

『現代日本語書き言葉均衡コーパス』はサイズが大きいこと、著作権の問題などが直接読めない要因であるが、中身がブラックボックスになっていることには不安な人もいるのではないだろうか。話者の属性や大きな文脈の流れなどが把握できないからだ。そのため初心者には、まず内容確認可能系の小さなコーパスを使って本文を目で読みながらデータに慣れていくことをお勧めしたい。

3. 文字列検索

指定した文字列がコーパス上にあるかどうかを検索することが文字列検索である。1 では Google 検索を例にあげたが、多くの人が慣れ親しんでいるものであろう。Word の検索機能なども同じものである。

3.1 ツール紹介
本書で扱った文字列検索のためのツールは以下の通りである。

- 「少納言」（第 3 章）

付　録　コーパス利用の基礎　　　133

- 「サクラエディタ」（第 4 章・第 6 章）
- 「Devas」（第 5 章）
- 「北京大学中国語コーパス」（第 6 章）

ウェブ上で作動している「少納言」と『北京大学中国語コーパス』はシンプルな文字列検索なら簡単にできるが、正規表現検索（**3.2** で説明）になると各種の制約がある。よってここでは「サクラエディタ」と「Devas」をとりあげることで、検索の可能性と限界について考えたい。

- **「サクラエディタ」**：　フリーでダウンロードできる日本語テキストエディタ。マイクロソフトの「メモ帳」のようにテキストファイルを作成するためのツールであるが、Grep 機能を使えば複数のテキストファイルから文字列の検索が可能になる。検索結果はテキストファイルとして出力される（図 2）。〈URL：https://sakura-editor.github.io/〉

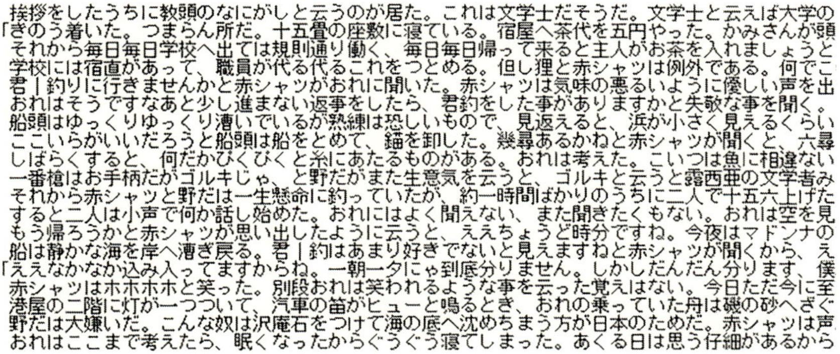

挨拶をしたうちに教頭のなにがしと云うのが居た。これは文学士だそうだ。文学士と云えば大学の
「きのう着いた。つまらん所だ。十五畳の座敷に寝ている。宿屋へ茶代を五円やった。かみさんが頭
それから毎日毎日学校へ出ては規則通り働く、毎日毎日帰って来ると主人がお茶を入れましょうと
学校には宿直があって、職員が代る代るこれをつとめる。但し狸と赤シャツは例外である。何でこ
君｜釣りに行きませんかと赤シャツがおれに聞いた。赤シャツは気味の悪るいように優しい声を出
れはそうですなあと少し進まない返事をしたら、君釣をした事がありますかと失敬な事を聞く。
船頭はおれよりゆっくり漕いでいるが熟練は恐しいもので、見返えると、浜が小さく見えるくらい
ここいらがいいだろうと船頭は船をとめて、錨を卸した。幾尋あるかねと赤シャツが聞くと、六尋
しばらくすると、何だかびくびくと糸にあたるものがある。おれは考えた。こいつは魚に相違ない
一番館はお手柄だがゴルキじゃ、と野だがまた生意気を云うと、ゴルキと云うと露西亜の文字臭み
それから赤シャツと野だは一生懸命に釣っていたが、約一時間ばかりのうちに二人で十五六上げた
すると二人は小声で何か話し始めた。おれにはよく聞えない、また聞きたくもない。おれは空を見
もう帰ろうかと赤シャツが思い出したように云うと、ええそうよう時分ですね。今夜はマドンナの
船は静かな海を岸へ漕ぎ戻る。君｜釣はあまり好きでないと見えますねと赤シャツが聞くから、え
「ええなかなか込み入ってますからね。一朝一夕にゃ到底分りません。しかしだんだん分ります、僕
赤シャツはホホホホと笑った。別段おれは笑われるような事を云った覚えはない。今日ただ今に至
港屋の二階に灯が一つついて、汽車の笛がヒューと鳴るとき、おれの乗っていた舟は磯の砂へぎく
野だは大嫌いだ。こんな奴は沢庵石をつけて海の底へ沈めちまう方が日本のためだ。赤シャツは声
おれはここまで考えたら、眠くなったからぐうぐう寝てしまった。あくる日は思う仔細があるから

図 2　『坊っちゃん』から「赤シャツ」を検索した画面（「サクラエディタ」）

- **「Devas」**：　フリーでダウンロードできる日本語テキスト検索・置換ソフト。複数のテキストファイルから任意の文字列を検索することができる。表示された検索結果を CSV 形式で保存でき、Excel で開いて作業ができる（図 3）。〈URL：http://gimite.net/pukiwiki/index.php?Devas〉

	A	B	C	ヒットした文	直後の文字列
1	ファイル名	行番号	直前の文字列		
2	bocchan.tx	35	てる。文学士にご苦労千万な服を 赤シャツ	だから人を馬鹿にしている。あとから聞いたらこの男は年が年中赤
3	bocchan.tx	35	ツだから人を馬鹿にしている。あとが 赤シャツ	を着る人だそうだ。妙な病気があった者だ。当人の説明では赤は身
4	bocchan.tx	39	日学校へ行ってみんなにあだなをつ 赤シャツ	英語の教師ようなり、数学は山嵐、画学はのだいこ。今にいる
5	bocchan.tx	48	。この学校がいけなければすぐどっか 赤シャツ	れも恐しくはなかった。まして牧場の小僧共なんかには愛
6	bocchan.tx	55	学校には宿直があって、職員が代る 赤シャツ	は例外である。何でこの両人が当然の義務を免かれるのかと聞い
7	bocchan.tx	55	講釈をきかなくってもいい。強者の権 赤シャツ	が強者だなんて、誰が承知するものか。議論は議論としてこの宿直
8	bocchan.tx	79	下げ】五[#「五」は中見出し]↓↓ ↓ 赤シャツ	がおれに聞いた。赤シャツは気味の悪いように優しい声を出す男
9	bocchan.tx	79	出し]↓↓ 君｜釣りに行きませんか 赤シャツ	は気味の悪いように優しい声を出す男である。まるで男だか女だ
10	bocchan.tx	80	ちゃりと落としてしまったがこれは今 赤シャツ	は頤を前の方へ突き出してホホホホと笑った。何もそう気取って笑
11	bocchan.tx	80	学の教師で例の野だいこの事だ。この 赤シャツ	のうちへ朝夕｜出入して、どこへでも随行して行く。まるで同類だ
12	bocchan.tx	80	どこへでも随行して行く。まるで同誌 赤シャツ	の行く所なら、野だは必ず行くに極っているんだから、今さら驚ろ
13	bocchan.tx	80	って糸さえ卸しゃ、何かかかるだろう、赤シャツ	く事だから、下手だから行かないんだ、嫌いだから行かないんじゃ
14	bocchan.tx	80	ら、学校をしまって、一応うちへ帰って 赤シャツ	と野だを待ち合せて浜へ行った。船頭は一人で、船は細長い東京辺
15	bocchan.tx	81	見ると石と松ばかりだ。なるほど石と 赤シャツ	は、しきりに眺望していい景色だと云ってる。野だは絶景でげすね
16	bocchan.tx	81	が真直で、上が傘のように開いてター 赤シャツ	が野だに云うと、野だは「全くターナーですね。どうもあの曲り具
17	bocchan.tx	81	廻った。波は全くない。これで海だと 赤シャツ	のお陰ではなはだ愉快だ。出来る事なら、あの島の上へ上がってみ
18	bocchan.tx	81	れん事もないですが、釣をするには、 赤シャツ	が異議を申し立てた。おれは黙って、た。まるで野だがどうぞと教頭
19	bocchan.tx	81	をターナー島と名づけようじゃありませ 赤シャツ	はそいつは面白い、吾々はこれからそう云おうと賛成した。この吾
20	bocchan.tx	81	すぎと野だが云うと、マドンナの話は 赤シャツ	気味の悪るい笑い方をした。なに誰も居ないから大丈夫ですと、
21	bocchan.tx	81	は私も江戸っ子ですナ などと云ってる 赤シャツ	の馴染の芸者の渾名か何かに違いないと思った。なじみの芸者を無
22	bocchan.tx	82	らがいいだろうと船頭は船をとめて、 赤シャツ	が聞くと、六尋ぐらいだと云う。六尋ぐらいじゃ鯛はむずかしいな
23	bocchan.tx	82	くと、六尋ぐらいだと云う。六尋ぐらい 赤シャツ	は糸を海へなげ込んだ。大将鯛を釣る気と見える。豪胆なものだ。
24	bocchan.tx	83	倒だから糸を振って胴の間へ撒きつけ 赤シャツ	と野だは驚ろいて見ている。おれは海の中で手をぎゅぎゅぶと洗っ
25	bocchan.tx	84	意気を云うと、ゴルキと云うと露西亜 赤シャツ	で西洋た。ですね、まるで露西亜の文学者ですねと野だはすぐ
26	bocchan.tx	84	者で、丸木が芝の写真師で、米のなる 赤シャツ	はわるい癖だ。誰を捕まえても片仮名の唐人の名を並べたがる。人
27	bocchan.tx	84	ズ、ツー、ゼ、フロントだとか、おれでも 赤シャツ	は等西洋文学という真赤な雑誌を学校へ持って来て難有そうに
28	bocchan.tx	84	を学校へ持って来て難有そうに読んで 赤シャツ	の片仮名はみんなあの雑誌から出るんだそうだ。帝国文学も罪な雑

図3 『坊っちゃん』から「赤シャツ」を検索し保存したファイル（「Devas」）

3.2 文字列検索と正規表現検索

　文字列検索にはピンポイントで言葉を探すものと、より細かい指示が出せる正規表現検索がある。ここでは以下のテキストを例に、検索方法について考えていきたい。

自己紹介文

岩田一成と言います。東京都にある聖心女子大学で働いています。滋賀県出身ですが、外国人には知名度が低いので、いつも京都あたりの出身と言っています。大きな声では言えませんが、レンジでチンする時短レシピが得意です。

[・・・後略]

　このテキストから、「京都」というキーワードで文字列検索をしてみると、2行目の「京都」だけではなく、1行目の「東京都」もヒットする（これは定延編（2015）で森篤嗣氏が使っているネタを拝借している）。つまり、ゴミ（不要な表現）が混じってしまうのである。出力結果から手作業でゴミを取っていってもいいのだが、検索する際に「[^東]京都」という正規表現を使うことで、東京都を排除して検索をおこなうことも可能になる。このように記号を使って検索の効率を上げていく手段が正規表現である。正規表現については関連書籍が多く、インターネット上でも解説がすぐにみつかるが、言語研究を扱っているものには大名（2012）がある。

付　録　コーパス利用の基礎　　　*135*

　テキスト例には、「言う」という動詞の活用したものが3回出てくる。これらを文字列検索で探すと「言います」「言っています」「言えません」と何回も検索をしなければならない。一方、規模の大きいコーパスを用いて「言」だけで検索するとたくさんのゴミが入ってしまう（「言葉」「発言」「言及」など）。こういった動詞の活用を一気に抽出するのにも正規表現は活躍する。「言[わいうえおっ]」で検索すれば、「言う」の一連の活用形が抽出できるのである。

　またテキスト例には「レンジ」という単語があるが、大規模コーパスから「レンジ」を文字列検索すると「オレンジ」「チャレンジ」「アレンジ」「レンジャー」といったさまざまなゴミが抽出されてしまう。そこで次の**4**で説明する形態素解析経由の検索が必要になってくる。

4.　形態素解析経由検索

　形態素解析とは**1**で述べたように文書に自動で品詞タグなどをつけることである。テキスト例でいえば、表1のようなものをイメージしていただきたい（形態素解析で付与される情報は以下の品詞情報以外にもいろいろある）。

表1　形態素解析のイメージ

岩田	一成	と	言い	ます	。
名詞-固有名詞-人名-姓	名詞-固有名詞-人名-名	助詞-格助詞	動詞-一般	助動詞	補助記号-句点

4.1　ツール紹介

　本書で用いられていた形態素解析に関わるツールを紹介する。これらのツールは厳密には機能が異なるが、以下に説明をしていく。

- 「中納言」（第3章、第4章、第6章）
- 「Web茶まめ」（第5章）
- 「ChaKi.NET」（第5章）

- **「中納言」**：　形態素解析によって付与された情報をもとに各種コーパスを検索できるウェブアプリケーション。内蔵コーパスは、**2**で紹介した『現代日本語書き言葉均

衡コーパス』『名大会話コーパス』『多言語母語の日本語学習者横断コーパス』以外に
も、国立国語研究所が作成したものを選択利用できる。登録が必要。ちなみにインタ
ーネットで検索をすると伊勢海老料理屋「中納言」が最初にヒットするので注意が必
要だ。〈URL：https://chunagon.ninjal.ac.jp/〉

・「**Web 茶まめ**」： 形態素解析をおこなうウェブアプリケーション。テキストを直
接書き込んでもよいし、テキストファイルをアップロードすることもできる。出力は、
HTML 形式・CSV 形式・Excel 形式などを選べるようになっている。ただし、中納言
と異なり、形態素解析をおこなうだけで検索はできない。出力した Excel ファイルを
加工して検索をおこなうことになる。〈URL：http://chamame.ninjal.ac.jp/〉

・「**ChaKi.NET**」： テキストファイルに形態素解析情報を付与したり、それを検索
したりできるようにできるツール（機能はたくさんあるが、本書と関わる部分だけ紹
介）。簡単にいうと、自分が持っているテキストファイルを自動で『中納言』化でき
る。フリーでダウンロードができるが、インストールが難しい。「UniDic」「MeCab」
「CaboCha」をインストールしておかないと動かない。〈URL：https://ja.osdn.net/
projects/chaki/〉

4.2 実践！ 形態素解析

3.2 のテキスト例を「Web 茶まめ」にかけてみたのが、以下の表 2 である。少し
長いが、全体を掲載したい。ただし、見やすさのため形態素情報は取捨選択して示し
ている。

> 自己紹介文
> 岩田一成と言います。東京都にある聖心女子大学で働いています。滋賀県出身です
> が、外国人には知名度が低いので、いつも京都あたりの出身と言っています。大き
> な声では言えませんが、レンジでチンする時短レシピが得意です。
> ［・・・後略］

付　録　コーパス利用の基礎　　　　　　　*137*

表2　形態素解析済みテキスト例

書字形（＝表層形）	語彙素	品詞	語種
岩田	イワタ	名詞-固有名詞-人名-姓	固
一成	カズナリ	名詞-固有名詞-人名-名	固
と	と	助詞-格助詞	和
言い	言う	動詞-一般	和
ます	ます	助動詞	和
。	。	補助記号-句点	記号
東京	トウキョウ	名詞-固有名詞-地名-一般	固
都	都	名詞-普通名詞-一般	漢
に	に	助詞-格助詞	和
ある	有る	動詞-非自立可能	和
聖心	聖心	名詞-普通名詞-一般	漢
女子	女子	名詞-普通名詞-一般	漢
大学	大学	名詞-普通名詞-一般	漢
で	で	助詞-格助詞	和
働い	働く	動詞-一般	和
て	て	助詞-接続助詞	和
い	居る	動詞-非自立可能	和
ます	ます	助動詞	和
。	。	補助記号-句点	記号
滋賀	シガ	名詞-固有名詞-地名-一般	固
県	県	名詞-普通名詞-一般	漢
出身	出身	名詞-普通名詞-一般	漢
です	です	助動詞	和
が	が	助詞-接続助詞	和
、	、	補助記号-読点	記号
外国	外国	名詞-普通名詞-一般	漢
人	人	接尾辞-名詞的-一般	漢
に	に	助詞-格助詞	和
は	は	助詞-係助詞	和
知名	知名	名詞-普通名詞-一般	漢
度	度	名詞-普通名詞-助数詞可能	漢
が	が	助詞-格助詞	和
低い	低い	形容詞-一般	和
の	の	助詞-準体助詞	和
で	だ	助動詞	和
、	、	補助記号-読点	記号
いつ	何時	代名詞	和
も	も	助詞-係助詞	和
京都	キョウト	名詞-固有名詞-地名-一般	固
あたり	辺り	名詞-普通名詞-副詞可能	和
の	の	助詞-格助詞	和
出身	出身	名詞-普通名詞-一般	漢

書字形	語彙素	品詞	語種
と	と	助詞-格助詞	和
言っ	言う	動詞--一般	和
て	て	助詞-接続助詞	和
い	居る	動詞-非自立可能	和
ます	ます	助動詞	和
。	。	補助記号-句点	記号
大きな	大きな	連体詞	和
声	声	名詞-普通名詞-一般	和
で	だ	助動詞	和
は	は	助詞-係助詞	和
言え	言う	動詞-一般	和
ませ	ます	助動詞	和
ん	ず	助動詞	和
が	が	助詞-接続助詞	和
、	、	補助記号-読点	記号
レンジ	レンジ-range	名詞-普通名詞-一般	外
で	で	助詞-格助詞	和
チン	ちん	副詞	和
する	為る	動詞-非自立可能	和
時短	時短	名詞-普通名詞-一般	漢
レシピ	レシピ-recipe	名詞-普通名詞-一般	外
が	が	助詞-格助詞	和
得意	得意	名詞-普通名詞-形状詞可能	漢
です	です	助動詞	和
。	。	補助記号-句点	記号

　形態素解析情報をみると、**3.2**で説明した文字列検索の課題を簡単に解決できることがわかる。「東京」と「京都」はすでに別単語として区切られているので、「京都」を検索して「東京都」がヒットすることはありえない。また、2列目の語彙素というところに注目してもらいたい。動詞「言う」の活用形がなんであれ、ここの表示は「言う」となっている。よって、語彙素のところを「言う」で検索すれば全活用形が抽出できる。また、「レンジ」も一単語として区切られているため、「オレンジ」「チャレンジ」「アレンジ」「レンジャー」がヒットすることはありえない。

　一見、よいことばかりのように思えるが、表2の最大の難点は、元の文章を読もうと思うと、左の書字形の列を縦に読まなければならない点である。われわれ日本語教育に関わるものとしては、「言う」という動詞の出現数がただ数字でわかればいいというものではなく、前後文脈をしっかり読み込みたくなることが多い。たかだか3行だけのテキスト例が形態素解析にかけることでこんな大きな表になってしまい、前後

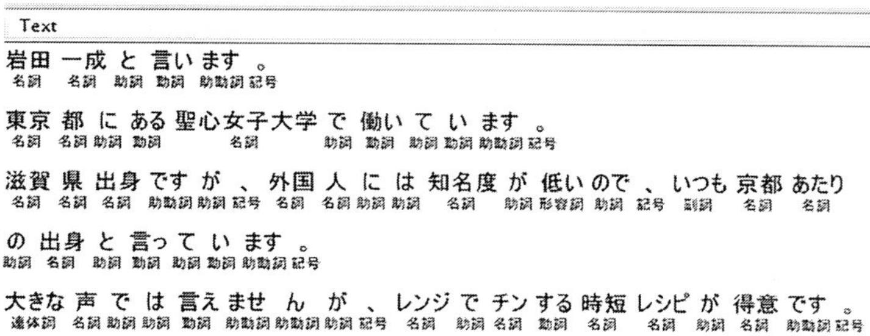

付　録　コーパス利用の基礎　　　*139*

```
Text
```

岩田 一成 と 言い ます 。
名詞 名詞 助詞 動詞 助動詞 記号

東京 都 に ある 聖心女子大学 で 働い て い ます 。
名詞 名詞 助詞 動詞 名詞 助詞 動詞 助詞 動詞 助動詞 記号

滋賀 県 出身 です が 、 外国 人 に は 知名度 が 低い ので 、 いつも 京都 あたり
名詞 名詞 名詞 助動詞 助詞 記号 名詞 名詞 助詞 助詞 名詞 助詞 形容詞 助詞 記号 副詞 名詞 名詞

の 出身 と 言っ て い ます 。
助詞 名詞 助詞 動詞 助詞 動詞 助動詞 記号

大きな 声 で は 言え ませ ん が 、 レンジ で チンする 時短 レシピ が 得意 です 。
連体詞 名詞 助詞 助詞 動詞 助動詞 助動詞 助詞 記号 名詞 助詞 動詞 名詞 名詞 助詞 名詞 助動詞 記号

図 4　「ChaKi.NET」：表示

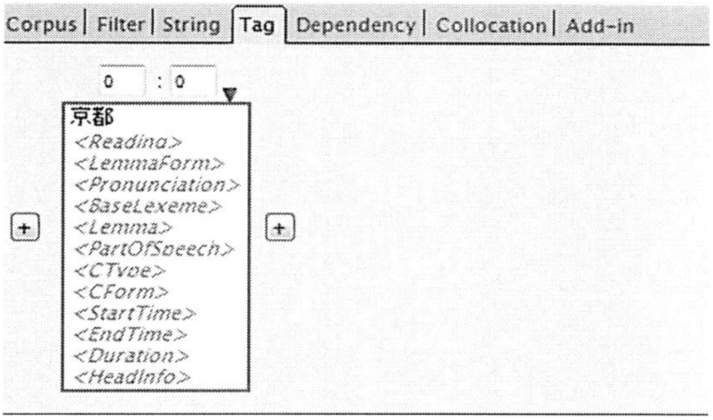

```
Corpus | Filter | String | Tag | Dependency | Collocation | Add-in

        0  :  0  ▼

    京都
    <Reading>
    <LemmaForm>
    <Pronunciation>
    <BaseLexeme>
 +  <Lemma>            +
    <PartOfSpeech>
    <CTvpe>
    <CForm>
    <StartTime>
    <EndTime>
    <Duration>
    <HeadInfo>
```

図 5　「ChaKi.NET」：「Tag」に「京都」と入れて検索

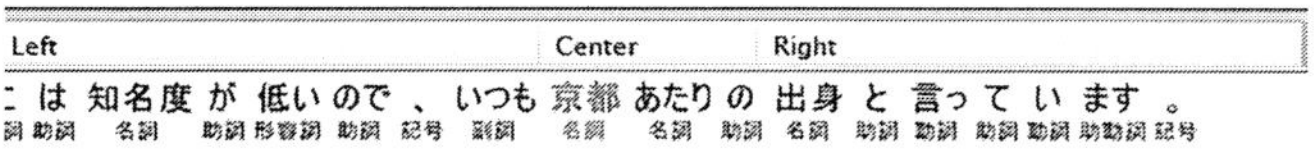

```
Left                          Center     Right
∶ は 知名度 が 低い ので 、 いつも 京都 あたり の 出身 と 言っ て い ます 。
詞 助詞 名詞 助詞 形容詞 助詞 記号 副詞 名詞 名詞 助詞 名詞 助詞 動詞 助詞 動詞 助動詞 記号
```

図 6　「ChaKi.NET」：「京都」の検索結果

　文脈を読むには大変な労力がかかる。そこで第 6 章で採用したのが「ChaKi.NET」（図 4 〜図 6）である。これはさまざまな機能を持っているが、特にお勧めするポイントは形態素解析経由検索のしやすさである。

　本節では形態素解析経由検索の方法を紹介した。形態素情報を付与してから検索することはとても便利であるが、初心者にはとっつきにくい部分があるのはたしかである（「ChaKi.NET」が作動するようになるまでには何度も心が折れることであろう）。まずは、3 で紹介した文字列検索（正規表現も使いながら）をコツコツとやってみて、検索に慣れることが大事であろう。何より文字列検索で失敗を重ねることによって間

違いなく日本語のしくみをより深く理解できるようになる。

5. Excel による分析

文字列検索にせよ形態素解析経由検索にせよ、分析をおこなうときは Excel を用いるが一般的である。ここでは本書で扱った Excel の機能を 3 つ紹介する。

- 「フィルター」機能（第 2 章）
- 「ピボットテーブル」機能（第 3 章）
- 「グラフ」作成機能（第 3 章）

・**「フィルター」機能**：　まず、「Web 茶まめ」に何でもいいのでテキストを入れて結果を Excel 形式でダウンロードしてみよう（本節では先のテキスト例を Excel に出力したファイルを用いる：以後「茶まめファイル」と呼ぶ）。ファイルを開いて右上にある「並べ替えとフィルター」を左クリックする。プルダウンの中から「フィルター」を選ぶと、Excel シートの最上段の行に▼マークが現れる（図 7）。この▼マークを左クリックすると、その行にある項目を自由に選べるようになる。

図 7　Excel：フィルターの付け方①

たとえば、「大分類」のセルにある▼マークをクリックすると名詞や動詞が選べる。ここで動詞にチェックを入れてみると、シート上の動詞だけが残る（図 8）。これが「フィルター」機能である。

付　録　コーパス利用の基礎

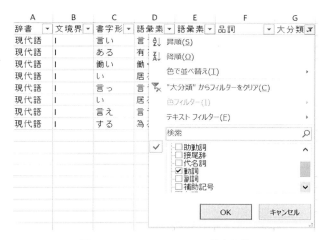

図8　Excel：フィルターの付け方②

・**「ピボットテーブル」機能**：　ここでも「茶まめファイル」を用いて説明したい。ツールバーにある「挿入」を左クリックして、ピボットテーブルを選ぶと、図9のような

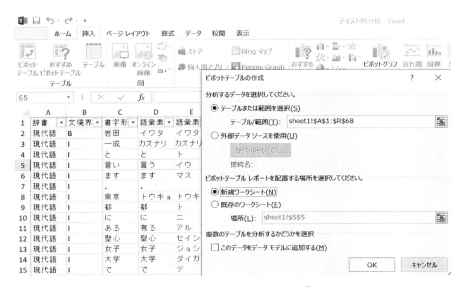

図9　Excel：ピボットテーブル①

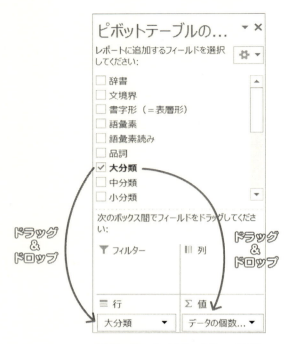

図 10　Excel：ピボットテーブル②

(A)

行ラベル	データの個数 / 大分類
形容詞	1
助詞	17
助動詞	9
接尾辞	1
代名詞	1
動詞	8
副詞	1
補助記号	7
名詞	21
連体詞	1
総計	67

(B)

行ラベル	データの個数 / 大分類
名詞	21
助詞	17
助動詞	9
動詞	8
補助記号	7
副詞	1
連体詞	1
接尾辞	1
形容詞	1
代名詞	1
総計	67

図 11　Excel：ピボットテーブル③

画面になる。「新規ワークシート」にチェックを入れてピボットテーブルを作成する。画面右側に現れる「ピボットテーブルのフィールドリスト」(図10)を操作する。自分が分析したい列の項目(たとえば、大分類)をドラッグして、下方の「行」のとこ

付　録　コーパス利用の基礎　　　*143*

ろにドロップする。同じようにもう一度大分類をドラッグして「値」のところにドロップする。そうすると左に集計表（図11A）が現れる。現在は五十音順に並んでいるのだが、「行ラベル」セルの▼マークをクリックして「その他の並べ替えオプション」を選び、「降順」にチェックを入れて、「データの個数／大分類」を選択すれば、頻度順に表示される（図11B）。

• **「グラフ」作成機能**：　図11Bのようにできたところから続けたい。グラフを作りたいデータ部分を選択し（図12参照）、ツールバーの「挿入」をクリックして、真ん中あたりにあるグラフのイラストから好きなグラフを選ぶと、グラフが自動生成される。

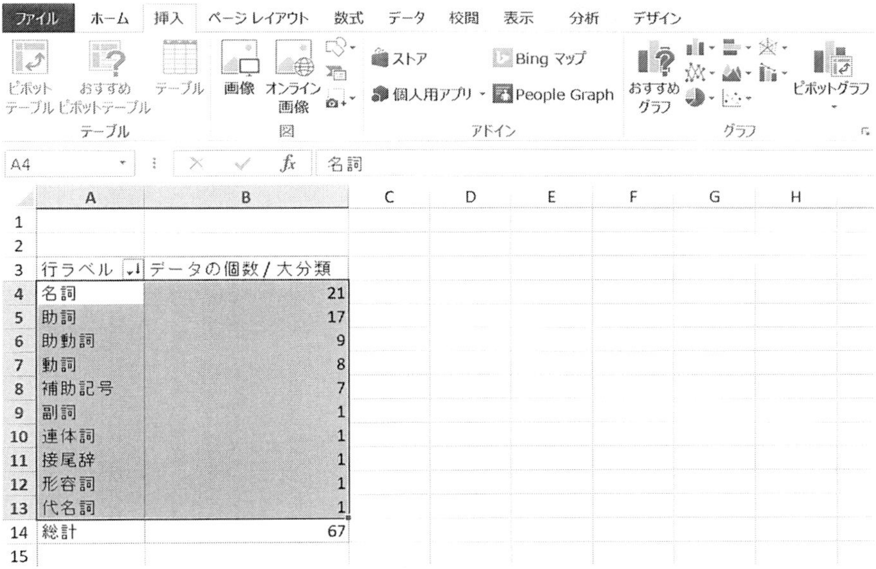

図12　Excel：グラフ作成

このデータでは、グラフから名詞や助詞が多いということがわかる（日本語学的には当たり前のことなので、この結果自体は何もおもしろくはない）。

6. 日本語教育視点のコーパス研究に向けて

　コーパスを紹介した際（**2.2**）に内容確認難解系と内容確認可能系に2分類した。「中納言」のようにコーパスと検索エンジンがパッケージになっているようなものは、コーパスだけを抜き出して読み込むことができないため、内容確認難解系と称した。このタイプは、一般にコーパスに代表性があり検索エンジンが整備されているため、研究手段としては大変活用しやすい。よって、この手の研究はどんどん盛んになるだろう。ただ、日本語教育という視点で考える場合、中俣（2014）のように日本語教育に関わる主要文法を「中納言」のBCCWJで絨毯爆撃的に抽出してしまうと、後に続く有意義な研究はやりにくくなるだろう（決して中俣氏を批判しているわけではない）。というのは、コーパスが限定されているからである。もちろん「中納言」は搭載コーパスをどんどん拡張しているので、まだまだ簡単には研究が枯れることはないが、研究の自由度は相対的に低いといえる。

　一方、内容確認可能系のコーパスや自作コーパスを使って「Web茶まめ」や「ChaKi.NET」で分析する方法は、相対的に自由度が高い。自作コーパスは、労力がかかる上にその代表性に疑問も残るが、研究や教育の目的に合わせてコーパスを作成・分析ができるというのは日本語教育には向いているのではないだろうか。

　日本語学習者の多様化がいわれて久しいが、1990年代から外国籍住民が広く社会に定着してきている。2000年に入ると外国人看護師・介護士が施設で働くようになったことが象徴するように、外国人の関わる職種が広がりつつある。こういった現状に対応すべく日本語教育的な課題が現場から提案されており、その課題を解決するためにコーパス研究は可能性を秘めている。

　最後ではあるが、自作コーパスを用いた関連研究を紹介することでこの分野の展望としたい（やや手前みそであるがご容赦ねがいたい）。岩田（2013）では、自治体が発行する「お知らせ」類をコーパス化して、その中にどんな文法項目が出てくるのかを分析した結果、旧日本語能力試験の1級文法は出現せず、2級文法も複合格助詞以外ほとんど出現しないことを明らかにした。岩田（2014）では、看護師国家試験をコーパスとして、試験に合格するためにはどの程度の語彙・文法が必要かを論じている。森編（2016）の各論文は、学校で配布されるお知らせ、製造業就労現場の会話、看護

現場のやり取りなどをコーパス化して、現場に必要な語彙を論じている。このように現場のデータを上手にコーパス化すれば、日本語教育の課題解決に貢献する研究がまだまだおこなえるだろう。

参 考 文 献

岩田一成（2013）「文法から見た「やさしい日本語」」、庵功雄・イヨンスク・森篤嗣（編）『「やさしい日本語」は何を目指すか—多文化共生社会を実現するために—』、ココ出版、117-140

岩田一成（2014）「看護師国家試験対策と「やさしい日本語」」、『日本語教育』、158(0)、36-48

大名力（2012）『言語研究のための正規表現によるコーパス検索』、ひつじ書房

金澤裕之（編）（2014）『日本語教育のためのタスク別書き言葉コーパス』、ひつじ書房

定延利之（編）（2015）『私たちの日本語研究—問題のありかと研究のあり方—』、朝倉書店

中俣尚己（2014）『日本語教育のための文法コロケーションハンドブック』、くろしお出版

藤村逸子・大曽美恵子・大島ディヴィッド義和（2011）「会話コーパスの構築によるコミュニケーション研究」、藤村逸子・滝沢直宏（編）『言語研究の技法—データの収集と分析—』、ひつじ書房、43-72

森篤嗣（編）山内博之（監修）（2016）『現場に役立つ日本語教育研究2　ニーズを踏まえた語彙シラバス』、くろしお出版

索　引

欧　文

BCCWJ（現代日本語書き言葉均衡コーパス）　8, 36, 129

CaboCha　136

Calil　21

「ChaKi.NET」　136

CiNii　16

CiNii Books　21

CSV 形式　136

「Devas」　91, 133

Excel 形式　136

FTA　60, 74

FTA 補償行為　74

Google Scholar　16

Grep 機能　58, 65, 133

HTML 形式　136

JAIRO　16

J-STAGE　16

『KY コーパス』　73, 130

MeCab　136

OPI　73, 130

Politeness: Some Universals in Language Usage（Brown & Levinson）　74

SNS　103

UniDic　136

「Web 茶まめ」　81, 136

「Yahoo! 知恵袋」　40, 46, 47

『YNU 書き言葉コーパス』（YNU コーパス）　8, 79, 131

ア　行

挨拶文　90

異形態　65

位置変化　123

意味別　43

インプット　85

音節数　108

カ　行

書き言葉コーパス　55

学習経験　86

学習者のレベル　86

仮説検証型研究　86

活用　120

可変長　45

漢語サ変動詞　47

関西方言　76

感情表現　108

基調文体　96

機能語　18

機能別　88

疑問詞疑問文　58

客観性判断　42

教育的介入　96

教科書作成　55

教科書の影響　64

教科書のデータ化　31

共起関係　117

教材分析　14

屈折型　68
屈折変化　120
グラフ作成　143

形態素解析　10, 128
形態素解析経由検索　128, 135
『げんき』　19, 85
言語研究　112
言語行動様式　97
言語的挫折　95
検索条件　41, 66
現代汉语语料库　106, 131
『現代日本語書き言葉均衡コーパス』
　（BCCWJ）　8, 36, 129

コアデータ　37
講座・概説書　16
構造シラバス　48
肯否疑問文　58
肯定表現　110
呼応　113
国立国会図書館サーチ　16
語構成　54
固定長　45
異なり語数　100
語の意味カテゴリー　101
コーパス　3, 128
　『KY コーパス』　73, 113, 130
　『YNU 書き言葉コーパス』（YNU コー
　　パス）　8, 79, 131
　『現代日本語書き言葉均衡コーパス』
　　（BCCWJ）　8, 36, 129
　『出版サブコーパス』　45
　『戦後主要日本語教科書掲載語彙コーパ
　　ス』　27
　『多言語母語の日本語学習者横断コーパ

　　ス』　63, 130
　『図書館サブコーパス』　45
　『日中 Skype 会話コーパス』　7, 57,
　　131
　『日本語学習者会話データベース』　73,
　　130
　『北京語言大学中国語コーパス』　126
　『北京大学中国語コーパス』　12, 106,
　　125, 131
　『名大会話コーパス』　62, 67, 130
ゴミ（不要な表現）　59, 83, 117, 134
誤用　112
孤立語　120
コロケーション　5, 54, 114

サ　行

作文教育　103
作文の課題達成度　79
「サクラエディタ」　57, 107, 133
産出　113

辞書記述　55
質的検討　87
謝罪　62
従属節の役割　95
習得要因　10, 86
主観性判断　42
縮約　76
縮約形　8, 65, 76
出現度数　19
出現頻度　24
『出版サブコーパス』　45
使用状況　84
状態変化　123
「少納言」　36, 128, 132
使用場面　63
初級総合教科書　15

『新日本語の基礎』 36

正規表現 12, 57, 65, 115, 129
正規表現検索 134
接触場面 67
『戦後主要日本語教科書掲載語彙コーパ
　ス』 27
選定基準 32

タ 行

大規模コーパス 55
対照研究 114, 125
　中国語と日本語の―― 114
対照言語学 105
『大地』 19
代表文型 40
対話文脈 7
『多言語母語の日本語学習者横断コーパ
　ス』 63, 130
探索型研究 86
短単位検索 62

チャンク 68, 75
中間言語文法 67
中国語学 112
「中納言」 37, 62, 110, 120, 128, 135

定義づけ 15
体裁 96
提出順 4, 29
程度副詞 117
丁寧体率 69
定番語彙 5, 21
データ
　――の信憑性 32
　――の信頼性 45
　――の普遍性 31

伝達表現 81
伝聞情報 85

導入文型 37
『図書館サブコーパス』 45

ナ 行

内省 61, 105, 125
内容語 18
難易度
　語の―― 4
　作文の―― 79

『日中 Skype 会話コーパス』 7, 57, 131
日中対照 10
『日本語学習者会話データベース』 73,
　130
日本語学 112
日本語教育視点のコーパス研究 144
日本語教育に関する事典 16
日本語教員養成 15
日本語教科書
　『げんき』 19, 85
　『新日本語の基礎』 36
　『大地』 19
　『みんなの日本語』 19, 36, 84
日本語教科書の分析 4
「日本語研究・日本語教育文献データ
　ベース」 17

のべ語数 100

ハ 行

配列値 29
『白書』 40, 45
裸のダ体 90

話し言葉コーパス　55
反証可能性　33

非縮約形　67
否定応答表現　59
否定表現　109
非文法的　125
ピボットテーブル　38, 107, 141
評価的態度　69
品詞　20, 128

フィルター　25, 140
フェイス　74
　　ネガティブ――　74
　　ポジティブ――　74
複合動詞　81, 117
文型シラバス　48
分析の観点　32
文体　96
　　――の統一　103
文法項目　14
文法性判断　61
文法的　125

『北京語言大学中国語コーパス』　126
『北京大学中国語コーパス』　12, 106, 125,
　　131

補助動詞　76
ポライトネス　74
　　――ストラテジー　74
　　――理論　75

マ 行

マイナス評価　121
マジカルナンバー　75

『みんなの日本語』　19, 36, 84

『名大会話コーパス』　62, 67, 130

網羅性　31
文字数　108
文字列検索　65, 80, 128, 134

ヤ 行

有標的　59

用法別　42
四字熟語　117
読み手配慮　96

ラ 行

ランダムサンプリング　45, 130

量的検討　87

類義語分析　114

レジスター　6, 40, 45
　　「教科書」　45
　　「広報誌」　45
　　「雑誌」　40
　　「書籍」　40, 47
　　「新聞」　40
　　「Yahoo! 知恵袋」　40, 46, 47
　　『白書』　40, 45
　　「ブログ」　40, 47
連続ダ体　90

ワ 行

話題　31

著 者 紹 介

() 内は担当章

編著者

森　篤嗣（もり　あつし）　京都外国語大学外国語学部教授　　（第1章、第3章）

大阪外国語大学大学院言語社会研究科博士後期課程修了、博士（言語文化）

専門は日本語学、日本語教育、国語科教育。コーパスのほか、日本語教育や学校教育に関する研究にも取り組んでいる。

主な著書　『ニーズを踏まえた語彙シラバス』（編著、くろしお出版、2016年）、『授業を変えるコトバとワザ』（くろしお出版、2013年）、『日本語教育文法のための多様なアプローチ』（共編著、ひつじ書房、2011年）

著者

田中祐輔（たなか　ゆうすけ）　東洋大学国際教育センター准教授　　（第2章）

早稲田大学大学院日本語教育研究科博士後期課程修了

専門は、日本語教材分析・日本語教材開発・日本語教育史・国語教育史

主な著書／論文　『現代中国の日本語教育史』（国書刊行会、2015年、第32回大平正芳記念賞特別賞受賞）、「戦後の日本語教科書における掲載語彙選択の傾向とその要因に関する基礎的定量分析」（『日本語教育』**170**、2018年）

中俣尚己（なか　また　なおき）　京都教育大学教育学部准教授　　（第4章）

大阪府立大学大学院人間社会学研究科博士後期課程修了

専門は日本語学。コーパスを用いた計量的研究とその教育への応用にも取り組んでいる。

主な著書　『日本語教育のための文法コロケーションハンドブック』（くろしお出版、2014年）、『日本語並列表現の体系』（ひつじ書房、2015年）、『コーパスから始まる例文作り』（くろしお出版、2017年）

奥野由紀子（おくの　ゆきこ）　首都大学東京人文社会学部准教授　　（第5章）

広島大学大学院教育学研究科博士後期課程修了

専門は第二言語習得研究、日本語教育学。コーパスを用いた会話・聴解教育や内容言語統合型学習（CLIL）に関する実践研究にも取り組んでいる。

主な著書　『日本語教育のためのタスク別書き言葉コーパス』（共著、ひつじ書房、2014年）、『日本語教師のためのCLIL入門』（編著、凡人社、2018年）、『第二言語習得過程における言語転移の研究』（風間書房、2015年）

著 者 紹 介

建 石 始　神戸女学院大学文学部教授　　　（第 6 章）
神戸市外国語大学大学院外国語学研究科博士課程単位取得退学
専門は日本語学、日本語教育学。コーパスのほか、中国語話者のための日本語教育や日中対照研究
にも取り組んでいる。
主な著書　『日本語の限定詞の機能』（日中言語文化出版社、2017 年）、『名詞類の文法』（共編著、く
　　　　　ろしお出版、2016 年）、『中国語話者のための日本語教育文法を求めて』（共編著、日中
　　　　　言語文化出版社、2017 年）

岩 田 一 成　聖心女子大学文学部准教授　　　（付録）
大阪大学大学院言語文化研究科博士後期課程修了
専門は日本語学、日本語教育学。コーパスのほか、公用文や公共サインなど社会と関わる言語研究
に取り組んでいる。
主な著書　『日本語数量詞の諸相』（くろしお出版、2013 年）『日本語教育学の歩き方』（共著、大阪
　　　　　大学出版会、2014 年）『読み手に伝わる公用文』（大修館書店、2016 年）

コーパスで学ぶ日本語学

日本語教育への応用　　　　　　　　　定価はカバーに表示

2018 年 10 月 1 日　初版第 1 刷	
2020 年 9 月 25 日　　　第 2 刷	

編　者　森　　　　篤　　嗣

発行者　朝　倉　誠　造

発行所　株式　朝　倉　書　店
　　　　会社

東京都新宿区新小川町 6-29
郵 便 番 号　162-8707
電　話　03(3260)0141
FAX　03(3260)0180
http://www.asakura.co.jp

〈検印省略〉

© 2018 〈無断複写・転載を禁ず〉　　　　　新日本印刷・渡辺製本

ISBN 978-4-254-51655-5　C 3381　　　　Printed in Japan

JCOPY ＜出版者著作権管理機構　委託出版物＞

本書の無断複写は著作権法上での例外を除き禁じられています．複写される場合は，
そのつど事前に，出版者著作権管理機構（電話 03-5244-5088, FAX 03-5244-5089,
e-mail: info@jcopy.or.jp）の許諾を得てください．

好評の事典・辞典・ハンドブック

脳科学大事典	甘利俊一ほか 編	Ｂ５判 1032頁
視覚情報処理ハンドブック	日本視覚学会 編	Ｂ５判 676頁
形の科学百科事典	形の科学会 編	Ｂ５判 916頁
紙の文化事典	尾鍋史彦ほか 編	Ａ５判 592頁
科学大博物館	橋本毅彦ほか 監訳	Ａ５判 852頁
人間の許容限界事典	山崎昌廣ほか 編	Ｂ５判 1032頁
法則の辞典	山崎 昶 編著	Ａ５判 504頁
オックスフォード科学辞典	山崎 昶 訳	Ｂ５判 936頁
カラー図説 理科の辞典	山崎 昶 編訳	Ａ４変判 260頁
デザイン事典	日本デザイン学会 編	Ｂ５判 756頁
文化財科学の事典	馬淵久夫ほか 編	Ａ５判 536頁
感情と思考の科学事典	北村英哉ほか 編	Ａ５判 484頁
祭り・芸能・行事大辞典	小島美子ほか 監修	Ｂ５判 2228頁
言語の事典	中島平三 編	Ｂ５判 760頁
王朝文化辞典	山口明穂ほか 編	Ｂ５判 616頁
計量国語学事典	計量国語学会 編	Ａ５判 448頁
現代心理学［理論］事典	中島義明 編	Ａ５判 836頁
心理学総合事典	佐藤達也ほか 編	Ｂ５判 792頁
郷土史大辞典	歴史学会 編	Ｂ５判 1972頁
日本古代史事典	阿部 猛 編	Ａ５判 768頁
日本中世史事典	阿部 猛ほか 編	Ａ５判 920頁

価格・概要等は小社ホームページをご覧ください.